宣伝担当者バイブル

江崎グリコ株式会社
広告部
玉井博久

はじめに

事業主が、物事を考えなくなってきている。代理店やコンサルティング会社といった企業から、「考えること」を買ってしまっている。問題を丸投げし、彼らから提案されるもののなにがどう良いのか、もしくはどう悪いのかの基準がないために判断ができずに、提案される選択肢の中からしか選択ができない。もしくはなんとなく違うという理由で、すべてをボツにして再度丸投げをする。そして提案を受ける一方で提案内容の適正価格は知らない。知る努力もしないために、結果として彼らのカモにされてしまっている。高額な金額を払ったものの、得られたものはそれだけの価値があったのか、それさえもよく分からない。こうした事業主が多くなってきてはいないだろうか。

特に広告の世界において、こうした症状がよく見受けられる。企業の広告宣伝の担当者は、自分の頭で考えることをしなくなり、良く言えば広告代理店に丸投げし、悪く言えば彼らの言いなりになってしまっている。実際に世界的な飲料メーカーの日本社長を務めた方も、ある講演会にて「広告代理店さんに丸投げ、なんてよくある話です」といった発言をしていたほど、こうした事態が日常的に生じているのだ。

広告主が考えることを放棄し、主導権を広告代理店に委ねてしまっていることで、日本の広告はいつまでたっても劇的な進化を起こせないままでいる。広告を生業とする広告代理店は彼らの利益を最優先にし、彼らにとって特にこれまで不自由を感じていない高収益なメディアの取り扱いや広告の提案内容を変えることはない。私が広告代理店の経営者であれば、会社の利益率や従業員の効率性を最大限に高めたいと考えるわけで、工数の多くかかる業務、たとえばSNSに24時間張り付いて毎日複数回のクリエイティビティの高い投稿を行うなどは、必要だとは思うが、それよりは手離れが良くかつ利益率も高いメディアであるテレビを使った広告、つまりテレビCMを提案し続けることは当然のことだと感じる。広告代理店のデータによれば、今も最大のリーチを安く得られるメディアはテレビであり、それを鵜呑みにしている広告主にとってみれば、20世紀の広告の様にお茶の間に15秒のテレビCMを打つことに終始することはそれほどおかしいことではないのだろう。

しかしこれは歯ブラシを販売していた日用品メーカーが、国民の歯磨き粉の使用量を減らしたくないからという理由で、すでにニーズが顕在化している小さいヘッドの歯ブラシを作ることを拒んだ、という話と似ている。言わずもがなだが、人々が情報に触れる環境は大きく変化している。インターネットが当たり前のものとなり、ほとんどの人がスマートフォンを持っている。テレビを視聴する人は減少し、いわゆる「お茶の間」の存在は消滅したといっても過言ではない。情報の受け手の行動はこの数年だけ見ても驚くほど変化している。その一方で、情報の届け手の行動はどうだろうか。この数年はおろか、この10年を見ても驚くべき変化を起こせていないのではないだろうか。様々な手段で情報と接する人々に、広告を届ける側は旧来のやり方で接しようとしているのではないだろうか。

広告媒体（メディア）が旧態依然とした考え方となっていることに加え、そのメディアに載せる広告内容（クリエイティブ）についても広告主は深刻な問題を抱えている。クリエイティブを提案する側の広告代理店はといえば、与えられた制約の中で毎回ベストとまでは言えないかもしれないが、それでもベターな提案を継続的に広告主に対して実施してくれている。「広告主からの依頼内容がよく分からない」といった状況にも、積極的にアイデアを提案してくれていると言えるだろう。「なにかインパクトのあるもの」や「なにかおもしろいもの」といった、曖昧な依頼で終わっている広告主が多い中、広告代理店の側が気を利かせて、なにを伝えるべきかから整理をして提案をしてくれている始末である。そこまで気を利かせてくれているにも関わらず、いざ彼らが提案をしてきたら、広告主側は「つまらない」「もっとおもしろいものは?」といった話をする。もしくは言葉にしないまでも、そういう表情をする。アイデアの生みの苦しみを知らず、批判に終始し、なぜ駄目なのか、提案のなにをどうすれば良くなるのかを明言できない。よく分からない対応を広告代理店に強要し、その結果よく分からない広告が世の中に出ていき、今や同様のものが溢れかえってしまっている。

メディアに関しても、クリエイティブに関しても、こうした問題は決して広告代理店の責任ではない。広告を依頼する側の、広告主の責任だ。広告主が自分の頭で考えることを放棄し、どのレベルをクリアすれば合格点なのかのシミュレーションをすることのないまま、広告代理店に丸投げしてしまっている。広告の実行案を考えるのは広告代理店かもしれないが、広告のあるべき姿を考えるのは彼らではない。依頼者である広告主こそが広告のあるべき姿をイメージし、求めるレベルを提示しなければならない。その上で広告代理店の力を借りながら、共に創り上げていくという姿勢が必要だ。たとえば旅行代理店に行って、どこでもいいから自分が好きそうな旅行プランを提案してくれという人などいないだろう。店頭に行くまでには自分が行きたい地域が決まっていて、そこでどんな旅行をしてみたいというイメージを持っているはずだ。当然旅行代理店の店員から自分の知らない場所の提案を受けることで、当初予定していたものと違う場所に行く可能性もあるだろう。しかしそれは依頼主が旅行の「ゴール」がイメージできていて、それを理解した店員がプロの視点で提案をしてくれているのだ。どこでもいいから世界中にある良さそうな場所を提案してくれ、自分の気持ちがフレッシュになる場所を提案してくれ、帰国した後に自分の印象がかっこ良く見える様な場所を提案してくれ、などの曖昧なことを言われて対応してくれる旅行代理店などないだろう。しかし広告代理店に対して、これに似た依頼をしている広告主は多い。

出発点は依頼主である。広告主である。出発点にいる者が曖昧だから、終点も曖昧になるのだ。日本の広告が変わらないのは、広告代理店ではなく、広告主にその責任がある。

当然日本のすべての広告主が曖昧ではないし、世界の広告主がすべて良いというわけではない。ただし、世界には広告について誰よりも本気で考えて取り組んでいる広告主がいるのは確かだ。カンヌライオンズ国際クリエイティビティ・フェスティバルに行って、私は世界の広告主が広告関係者の前でスピーチをしているのを目の当たりにした。広告について広告代理店以上に、本気になって考えている姿を見た。彼らと比べて、日本の広告主はどこまで本気で取り組んでいるだろうか。彼らのやっていることの真似をする必要はないが、主体性や当事者意識では負けていられないはずだ。なぜなら今やどの企業もビジネスの戦場はグローバルになってきているからだ。広告は企業にとって重要なマーケティング戦術のひとつであり、世界の広告主が本気で考えて取り組んでいる広告によって、日本にある自社の売上やシェアが奪われることは現実に生じている。良い広告作品を作るためにではなく、ビジネスに勝つために、日本の広告主はもっと主体的に広告に関わる必要があるはずだ。

私は現在、広告主の立場で日本を代表するブランドの広告に携わっている。その業務の傍ら、同じ立場である他社の広告主の方々に出会う機会も多い。彼らと話をしていると、同じ会社の後輩も同じだが、突然の社内異動で広告宣伝やPRに関する仕事をすることになり、どの様に仕事を進めればよいのか、どの様に広告代理店と向き合えば良いのか、クリエイターたちとやりとりをすれば良いのか、など日々悩みを抱え、苦労して取り組んでいることを知った。そこで、大手広告代理店のコピーライターとして、また日本を代表するクリエイティブエージェンシーのクリエイティブプロデューサーとしてキャリアを重ねてきた自身の経験をもとに、自分への戒め、そして少しでも同じ立場で悩んでいる方々のお役に立てればと思い、本書を書くことにした。この本が、企業の広告宣伝やPRといったコミュニケーションに関係する業務に携わっている方々、特にこの業務の経験が浅い方々の参考になれば幸いである。

目次

Chapter

2

これまでの常識を変える

Chapter 3

これまでの行動を変える

Chapter 4

これからも変わり続ける

Chapter

1

これまでの意識を変える

広告主が出発点である

当たり前のことだが、広告主が広告を出そう、と考えなければ広告は生まれない。広告代理店がやりたいから広告が生まれるわけではなく、広告主がやりたいから広告が生まれる。つまり、広告主が出発点ということである（例外的に広告代理店からの自主提案はあるが、それを採用する広告主がいなければ実現されないため、広告主が広告を出すということは変わらない）。だからこそ、なぜ広告を出すのか、なにを伝えたいのか、誰に伝えたいのかといった、５Ｗ１Ｈをはじめとする設計図を描くことは広告主の仕事である。

その程度ならやっている、と思っている広告主は多いかもしれないが、ほとんどの場合、その内容は曖昧で、読み手によって様々な解釈を生む様なまとめに留まっていることが多い。目指すべき方向はあそこである。あのあたりではなく、あそこという明確なゴール。なにならＯＫであるかが明確に分かるボーダーライン。こうした基準をはっきりと提示できるくらいに、広告主は依頼内容について考えなければならない。また広告主は、部署によって意見が異ならない様に、会社としての意思というところまで意見をまとめなければならない。本来、そこまで描いて初めてオリエンテーションを迎えるべきである。オリエンテーションは、相談の場ではない。冷たい言葉にはなるが、「指示、命令」の場である。指示である以上、明確でなければならない。そうでなければ、広告代理店は何度もやり直しをさせられる羽目になる。

社会人なら、上司の指示が曖昧なために、何度も資料の出し直しをさせられるという様なことは一度くらいは経験するものだと思うが、これは社内でのことだからまだ許される話であり、会社対会社の関係でそんなことをしてしまう広告主は恥じるべきである。こんなことに付き合ってくれる広告代理店は、結局は力のないところだけである。優秀な相手であれば、「降りさせていただきます」と言って去っていくだろう。

唯一、例外があるとすると、自分のお金で広告を出稿しようとしている企業のトップの場合だ。企業のトップが直々に広告のクリエイターに相談し、素晴らしい成果を得たという話はある。しかしその様な依頼ができる人材は一握りである。当然、会社員として企業の広告宣伝に携わる者は、その様な権力を持っていない。しかし企業の中では広告のプロフェッショナルとして見られる（見られなければならない）。だからこそ広告主は自分たちが出発点であることをしっかりと認識し、目指すゴールを明確に描く、また描けるだけの努力が必要である。

広告の担当者ではなく、広告キャンペーン全体のディレクター

テレビCMひとつとっても、企画からオンエアまでの間に多くの人が関係してくる。当然今の時代、テレビCMをオンエアして終わり、ということはないわけで、ウェブコンテンツやイベント、PRなど、そのキャンペーンテーマのもとに、様々な広告活動が企画実行されて、クリエイターをはじめ、その道のプロフェッショナルなど、非常に多くの人が関わってくる。その際に広告主の担当者が担うべき役割は、キャンペーン全体の監督、つまりキャンペーンディレクターである。文字通りキャンペーン全体をディレクションするわけだが、大切なのはその考え方。ディレクションとは、様々なプロフェッショナルのバラバラの力を集約し、目的達成に導くことである。そのためには、担当者は3つのことについて自分自身を高めなければならない。

❶ブランドについて誰よりも知っていること

ひとつ目は広告を実施するブランドについて、関係者の中で誰よりも知っていることである。誰に、なにを通じて、どんな価値を提供するブランドなのか。なにを大切にし、絶対譲れないものはあるのか。ブランドのライフサイクルで今どの様な位置にいるのか。中長期的にはどの様な成長を遂げたいのか。そういった情報を集め、ブランドがブレそうになったら、しっかりと軌道修正することができるくらい、ブランドを知ることが必要である。こうした情報を把握しておくことで、各分野のプロフェッショナルを束ねることができ、キャンペーンを費用対効果の高いものへと近づけていくことができるようになる。

広告活動を実現していく過程には、クリエイティブディレクターをはじめ、コピーライターやCM監督といったクリエイターと一緒に仕事を進めることになる。彼らは表現のプロフェッショナルである。しかしこちらは表現のプロフェッショナルではない。ただし、彼らから提案されるものが、いつもこちらが求めているものとは限らない。そういう時に、ブランドについて知っておくことが役に立つのだ。彼らから提案されるものに対して、「なんとなく違う」ではなく、明確な違いと、どうしてほしいのかを伝え、納得してもらうために必要になってくるのである。

ブランドについて知っていれば、ブランドの指針をつかむことができる。ブランドの指針は表現ではない。すべての表現に至る前の考え方であり、それを決めるのは広告主である。広告主はこの指針をもとに、各分野のプロフェッショナルたちと会話すればよい。アウトプットされた表現そのものに対してではなく、アウトプットされる、もしくはされた表現に至る考え方をクリエイターと会話することこそが必要である。

この考え方は、アメリカの言語学者が提唱した「抽象の梯子」という概念を参考にしている。これを紹介する時にいつも例に挙げるのが、レンガの話である。

ある男がレンガを積んでいるところに、「あなたはなにをしているのか?」と質問をしたところ、「私はレンガを積んでいる」と答えた。別のレンガを積んでいる男に同じ質問をしたところ、「私は壁を作っている」と答えた。また別のレンガを積んでいる男に同じ質問をしたところ、「私は教会を建てている」と答えた。さらに別のレンガを積んでいる男に同じ質問をしたところ、「私は人々が平和に暮らせる世界を作ろうとしている」と答えた。

4人とも、やっていることは同じだが、自分の行動をどう捉えているかが違うという話である。この話はよく、働く意味ややりがいを考える時に使用されるが、私は、この概念はディレクションにおいても非常に効果的なものだと考えている。先ほどの表現に至る前の考え方、つまりブランドの指針と、最終的にアウトプットされた広告表現を抽象の梯子の概念に当てはめると、表現に至る考え方は、広告表現よりもひとつ抽象度が上がる。つまり、広告主が梯子をひとつ登って抽象度を上げることで、アウトプットされた広告表現そのものについての良し悪しを話すのではなくなるため、クリエイターも話が聞きやすくなり、会話が成り立つのだ。

広告主はクリエイターではない。インハウスでクリエイティブに取り組む企業はあるが、多くの場合は広告の企画は外部のクリエイターに依頼する。そのクリエイターが考えたアイデアに対して、「つまらない」「好きではない」「なにか違う」といった返答をしていても意味がない。たとえばコピーライターが提案してきた広告キャッチフレーズに対して、その文字面について意見を言うことはナンセンスだ。文字面の修正は、人によって好き嫌いが異なり、そのやりとりをしても平行線で終わるだけである。結局立場の強い側の意見が採用され、どちらかに不満が残って終わることが多い。しかし抽象の梯子をひとつ登って意見を伝えると話が進む。

この場合で言うと、このキャッチフレーズでは、ブランドの伝えたいメッセージが入っていない、ブランドにとって譲れない表現が入っていない、などの意見を伝えた上で修正を依頼する。極端な言い方であるが、てにをは、言い回しなどには意見を挟む必要はない。もちろん企画は細部に宿るので、枝葉までしっかり見る必要があるという意見も理解できるが、それを広告主がやるのであれば、外部のクリエイターに依頼している意味がない。もしも、細部にどうこう指示をしないといけないようなクオリティのものしかあがってこないのであれば、しっかりと任せられる人をキャスティングし直すことを検討した方が良い。力のない人間になにを頼んでも無駄だ。

広告主がやるべきことは、広告表現の細部を見ることではなく、違うならなぜ違うのか、どうあるべきなのかを提示することである。また実施してはいけない提案があれば、それも理由をつけて説明が必要である。クリエイティビティを信用した上でプロジェクトメンバーに起用しているのだから、エンパワーメントすればよい。いやむしろそうすべきである。これはデザインにしても、テレビCMの演出にしても、ウェブコンテンツの仕立てにしても、なんにでも当てはまる。

そもそも広告主の中に、自分で企画を考える人がどれくらいいるだろうか。企画を一度でも自分で考えたことのある人なら、「アイデアを出すには生みの苦しみがつきものである」ということを知っているはずである。アイデアを出すことはそう簡単ではない。クリエイターが広告主に提出する案は3案かもしれないが、提出しなかった案はその10倍以上、人によっては100倍以上あることは、相手がプロであればあるほど当たり前である。提出する案に絞るまでに多くの時間を割いて、人によっては寝る時間も惜しんで生み出したアイデアである。もちろんクリエイターのレベルによっては独りよがりのアイデアの場合もあるが、それでも適当に考えて出したということは考えにくい。なぜなら彼らにとっては世に出るアウトプットがそのままその人のクリエイティビティの評価につながることを肌で感じているからである。また、評価といった側面だけでなくクリエイターの基本姿勢として、彼らは良いものを作りたい、生み出したいという想いを持つ人種である。そんな相手に比べ、自分が同じだけ時間をかけたとしても、同じレベルのクリエイティブが生まれるかどうかも分からないのに、表現そのものについて会話しようとすること自体、無理があるのだ。会話するのは表現ではなく、表現が出すメッセージの方向は合っているのか、目的は達成できるのか、といった、表現に至る前の考え方である。まずこの意識を持たなければ、トップクリエイターとは渡り合えない。

では次に、ブランドを知るにはどうすればよいのか。簡単な方法としては、ブランドの過去、現在、未来について把握することだ。過去どの様な歴史を刻んできたのか、現在はどの様な状況にあるのか、未来はどうありたいのか。自ブランドの過去、現在、未来をつかんだ後は、競合ブランドとの関係を同じ様に過去、現在、未来で見つめてみると良い。過去どんな相手と競合していたのか、現在の競合相手はどこで、将来はどんな相手と競合しているのか、していたいのか。ざっとこれらを把握するだけでも、ブランド理解は深まる。

大きな企業であればあるほどブランドの担当者は増えてくると思うので、一度自分で整理したブランド理解を社内で共有し、会社の総意にまで持っていくことも大切である。自分では正しいと思っていたとしても、上司に確認したら違うと言われて指針がブレたというのでは、理解しているとは言えない。指針はオリエンテーションから広告の出稿、そして振り返りまでブレてはならない。そのためにも自分だけで理解するのではなく、自分の理解を社内の関係者に伝え、関係者が納得できるレベルにまでブランドを理解し、整理する必要がある。

❷広告事例を知り尽くしていること

広告宣伝部の人間は専門職である。たとえ社内異動でやってきて、広告についてほとんどなにも知らなかったとしても、専門性を身に付ける必要がある。対社内ということで見れば、各部署から広告のプロフェッショナルとして接せられるわけであり、彼らに対してブランドをどう広告していくか、他社のどんな事例が参考になるかなどを反射的に話せるようでないと、頼れる人材にはなれない。また対社外ということで見れば、プロフェッショナルの集団である広告代理店のスタッフにカモにされてはいけない。この人ならこの程度の提案で大丈夫だ、なんて思われたら、せっかく多額の広告費を投資するにも関わらず貧しいアウトプットしか得られない。ひいてはその貧しいアウトプットが、そのままあなたの社内評価になってしまう。だからこそ勉強しなければならない。

弁護士が過去の判例を知っている様に、広告主も広告事例を知らなければならない。広告代理店に事例を教えてもらっているようでは駄目である。受け身のままでは、あなたの知るべき、知っておくべき事例が都合良く彼らから舞い込んでくるなんてことは極めて稀である。事例は最新のものは当然のこと、過去の事例を知り尽くしておくことが大切だ。なぜなら広告は「基本として」新しいことをやる必要があるからである。新しいことをやるためには過去を知らなければできるわけがない。過去の広告を知らないばかりに、自分たちは新しいことをやったつもりでも、実際は過去に違う企業でやっていた内容と同じ、もしくは同じ様なものだった、というのは非常にお粗末な話である。そうした場合「新しくなかった」というだけでなく、ネガティブな面もついてくる。日本は「パクリ」ということに対して厳しい。二番煎じの広告は「新しくない」というだけでなく、別の企業のアイデアを模倣したというネガティブなイメージをまとい、ブランドイメージを損なう危険性も帯びてくるのである。だからこそ、事例を知り尽くす必要がある。

事例を知ることは見る目を養うことができる、という嬉しい側面もある。ただしこの時には注意が必要だ。良い広告だけに触れなければならない。良い鑑定士になるには良いものだけを見続けることだと聞いたことがある。良いものだけを見ていると、劣っているものが出てきた時に違和感が生じて、違うものだと認識することができるようだ。それと同じ考え方で、良質な広告事例にたくさん触れると良い。そうすればあまり良くない企画が広告代理店から提案された時に反応することができる。自分の好き嫌いの感覚ではなく、一定のボーダーラインを超えていないという判断ができる。

では実際にどの様にして良質な広告に多く触れるのか。私の場合は、東京の汐留にある広告図書館で過去すべての広告年鑑を読んだ。広告年鑑とは、広告賞の受賞作品をまとめた書籍である。日本の広告賞を代表するTCCやADCはもちろん、CLIOやONE SHOW、CANNES LIONSなど、世界の広告賞の受賞作に初年度からすべて目を通した。その際にただ見ただけではなく、自分の好きな、もしくは素晴らしいと感じた広告をピックアップしておいた。世界中の優秀な広告審査員が選んだ広告を目の前に、あたかも自分が最終の審査員であるかの様に、個人的に気になったものを選出したのだ。そして選んだ広告はすべてコピーに取り、自分だけの「全世界広告年鑑」を作成した。これは自分にとっての、良い広告の基準として役に立った。当時私は広告のクリエイターとして仕事をしていたが、この基準を作ってから、TCCをはじめとする広告賞を受賞することができた。独りよがりではなく、広告として一定のレベルを超えているというのはどの様なものなのかをつかむには、うってつけの方法だと感じている。ちなみにこの自分だけの広告年鑑を作るというやり方だが、1990年代にCMプランナーとして大活躍された元電通の佐藤雅彦さんがやっていた方法とほとんど同じである。彼もCMプランナーになった時に過去のCMをたくさん見て、自分だけの基準を作ったと仰っている。

あくまでこのやり方は一例だが、多くの良質な広告に触れることで、独りよがりではない「正しい」物差しを手に入れることができる。人間は未来を予測できない。しかし過去から学ぶ、他社から学ぶことができる。過去の歴史、世界のほかの事例をくまなく知ることで、より正しい結論を導き出すことが可能となる。物差しがあれば、クリエイターから提案されるものが、個人的な好き嫌いではなく、あるレベルを超えているのか、それとも超えていないのかは感じ取れるはずである。同時に、過去のなにかの広告の二番煎じになっていないか、もしくは参考にすべき過去の他社事例があるのか、といった観点でも社内外の関係者に意見ができるようになる。そのため、弁護士の様に過去の事例を把握しておくことは有益なのである。また多くの他社の取り組みを知ることは、自社の取り組みレベルを上げることにつながるだろう。かの宮本武蔵も五輪書にて、「他流の道を知らなければ、自分の一流の道も確かに弁えることはできない」と述べている。最近では他社事例を研究するあまり、どの企業も似通った広告を作り出しているという説もあるが、ここで大切にしたいのは、他社の取り組みを知っておいた上で、他社と違うことをするということである。

❸社内の意思決定プロセスを調べておくこと

ディレクターという業務で最も大切なのは、企画を通すこと、企画を実現することである。企画は実現しなければただの絵空事である。実現させることが最も難しい。日本の有名なクリエイティブエージェンシーでは、有名なクリエイティブディレクターとアートディレクターはスタッフにハードワークを求めるが、そのスタッフたちは頑張れば素晴らしい企画を世に出せると信じている、だから頑張ることができる、彼らについていくことができる、と話していた。それだけ企画を通すことは、クリエイティブに関わる人間にとって重要な話であることが分かる。

では広告主の立場で、企画を通すとはどういうことか。それは企画のゴーサインを取り付けることである。担当するブランドが大きくなればなるほど、担当者の気持ちだけではうまく進まないものだ。比較的規模の小さい話であれば、担当者の意思だけで進められるケースもあるだろう。ただ関係者が多くなると、そうはいかない。また右肩上がりの経済状況とは違い、現在のビジネス環境では、長期的な目標と短期的な目標を一度に達成することが求められ、また費用対効果も強く意識されることを考えると、担当者が自分だけの意思で企画のゴーサインを取り付けることは難しくなってきている。だからこそ提案された企画を個人的なＯＫではなく、社内承認を経て会社の総意としてＯＫとしなければならない。当たり前の話なのだが、担当者はＯＫだったが上に行ってひっくり返ったといった話は広告代理店にとって日常茶飯事である。一度通ったはずなのに、天の一声でボツになったという話である。それだけ広告主が自分たちの意見をまとめられていないことがうかがえる。しかしそうした企業には優秀な外部スタッフは集まってこない。特にトップクリエイターであればあるほどそうである。トップアプローチという言葉があるが、提案する側はその件に関する決裁者と直接やりとりをしたいのが本音だ。たとえば社長に直接提案をすれば、簡単にことが進むと思っている。しかし現実はその社長の前に「関所」があり、担当者はその最初の関所であり、彼らにとってみれば邪魔な存在なのである。しかし「ディレクター」として社内関係者の声を集め、総意をまとめることができれば、決して邪魔な存在ではなく、むしろ必要な存在となることができる。

会社によって役職の呼称は異なるが、概ね、「課長」「部長」「本部長」「執行役員」「取締役」「社長」「会長」といった上司たちが存在するはずである。あなたがどのポジションにいるかで上司の数も変わってくるが、上司が1人もいない、という人は少ないはずだ。またいわゆるレポートラインとしての上司だけでなく、上の立場ということで他部署の役職者も「上司」となってくる。広告宣伝部にとって言えば、たとえば営業部長だったり、ブランドマネージャーだったりするだろう。扱うブランドが大きいほど、関係者の数が多くなる。そうした中でまずやらなければならないのは、誰が決裁者なのかを把握することである。仕事には必ず決裁者がいる。進めている案件において、キーマンは誰なのか。これが分からなければ、企画の通しようもない。その上で、その人の重要視するポイントはなんなのか、なにが満たされていないといけないのか、好き嫌いはあるのか。こうした情報をできる限り集めなければならない。これを怠ると、天の一声ですべてがひっくり返る、ということが起こってしまう。

決裁者だけをつかんでおけば良いというわけではない。決裁者の前には、前述の通り何人もの関係者が存在する。自分と同じ部署の人もいれば、そうでない人もいる。部署が違えば利害関係が異なり、優先したい内容が異なってくる。しかし、この人たちの承認を得なければ決裁者にはたどり着けない。だからこそ、ここでも決裁者と同じ様に、関係者にとって絶対に譲れないものはあるのか、今回特に優先したいことはあるのか、といった情報を収集しておく必要がある。ただし彼らは決裁者ではなく関係者である。そのため関係者においては「絶対に譲れないもの」を把握すればよい。好き嫌いは知っておいてもよいが、関係者の好き嫌いにすべて対応する必要はない。彼らの意見に対応することよりも、彼らに余計な意見を言わせない関係作りを普段から考えた方が得策である。

こうして意思決定に関わる人たちの存在を挙げて、それぞれの人の期待値をしっかりと把握することがスタートとなる。そもそもビジネスとは、相手の期待値を超えることで対価をもらえる仕組みになっている。コーヒーを注文したのに、紅茶を差し出されても、例外はあるが受け取る人はいない。コーヒーを注文したのなら、コーヒーが出てきて初めて期待値通り。そのコーヒーが特別おいしかったり、コーヒーを提供するサービスが特別すばらしかったりすることで顧客の期待値以上となり、リピートにつながるというものである。上司は社内関係者ではあるが、あなたの「顧客」である。顧客である以上、期待値をつかんでおく必要があるのだ。

期待値を把握する際に、なにも考えずに「この件についていかがでしょうか。なにかありますでしょうか」なんていうふうに聞いてしまったら、仮に相手に意見がなくても、それ相応のポジションの人に意見を言わせてしまうことになる。一度意見を言わせてしまうと、消火することは簡単ではない。だからこそ、無理に意見を言ってもらう必要などない。「自分が進めようとしている企画はこれだけ素晴らしいから進めさせてほしいが問題がないか」というスタンスで話をすればよいのだ。ただし話をする前に相手の立場になって、もし自分がその人だったらなにを気にするのかは考え尽くしておくこと。その上で対応できない点があれば、なぜ対応しないのかは考えておく必要がある。そうすれば、検討したが対応すべきではない理由をその場で説明できるはずである。

そもそも、言われたことすべてに対応するスタンスは必要ない。顧客がいつも正しいとは限らないし、正しい解を持っているわけではないからだ。顧客以上に自分が先回りして考えておけば、顧客の期待値が現状に合ったものかどうかを判断できる。彼らの期待がなにかを把握した上で、あまりに期待値が高いようであれば、調整すればよいのだ。期待値調整は仕事の基本である。いつまでにどのレベルのものをどのくらい用意するのか、その期待を顧客である上司たちと担当者の間で擦り合わせる。営業職を経験した方なら当たり前の話だろう。

これを企画ができる前にやっておくこと。企画ができてしまってから、そのアウトプットを目の前にして初めて大丈夫かと確認してしまうと、広告の様な、素人でも良し悪し、正確には好き嫌いを意見できるものの場合、言われたい放題になる。広告が完成する前に、各関係者が感じている期待を整理しておけば、その期待にこの広告はこの点で応えているという話ができる。そうすれば、広告表現の好き嫌いではなく、この広告が相手の課題を解決しているものなのかという、抽象度をひとつ上げたレベルで会話ができる。

だからこそ関係者の意見は集めるものの、それをそのまま受け止める必要はないのだ。全員の意見など聞いていたらきりがない。全員がYESという企画はつまらないというのは、企画の世界では「常識」とされているし、全員の意見を反映した結果、企画が丸くなってしまったなんていうのはもったいない話である。繰り返すが、意見を呑むのではない、ということだ。意見を集めるのは、企画を通すためだということを忘れてはいけない。

様々な意見が出た場合は、それらをMUSTとWANTに切り分けて整理していく。できればしたいことなのか、絶対しないといけないものなのか、そこを見極めていく。明確な境目が分かりにくい時は、「こういうことを気にしていると思うが、それは絶対に対応しないといけないのか。こういう理由があって、できれば優先順位を下げたいのだが、問題ないか」といった様に、基本的にはYES・NOクエスチョンで意見を言ってもらった方が、無駄な意見を言わせる必要もなく安全である。フリーアンサーではさらに収拾がつかなくなってしまう。それなりの立場の人に意見を言わせてしまったら、仮にそれがやっかいな意見だった場合、取り返しがつかなくなる。広告制作物の了承を社内で取り付ける業務は、単なる「社内確認」ではない。真剣勝負の「交渉」といっても大げさではないかもしれない。担当者には、企画を通す責任があるのだ。

日本を代表する企業の広告宣伝担当の方たちと話をしていると、彼らが常日頃困っていることは、これらの社内調整であった。制作した広告物をどうやって社内で通していくかに、どの担当者も苦心されていた。そしてその解決は、担当者の社内コミュニケーションにかかっているように感じた。関係者との普段からの関係性作りは当然のこと、いつどの様に承認を取るかを考えたり、他社の話や有名なクリエイターの発言などを活用しながら広告物の理由を説明したりするなどして、最終的な決裁を取り付けようとされていた。結局のところ、担当者が、意思決定に関わる社内関係者からどれだけ信頼されるか、ということなのかもしれない。それには、なるべく社内の利害関係者と日常的に会話をすることだ。承認を得る場だけでしか会話したことがないのと、常日頃から何気ない会話をしているのとでは、本当に承認を得たい時にあなたの気持ちも違うはずだ。日常的に彼らの発言内容をしっかり意識して聞いていれば、この人はこれを大事にしたいはずだ、といった当たりをつけることができ、それに応じた説明ができる。

もし社内の関係者と話をする機会が少ない、もしくは社長と会話するなど考えられないということであれば、その考えから変えていくべきである。相手がどれだけ偉い立場にいる人であっても、話す時間を工夫して作らなければならない。かといってわざわざ打ち合わせの時間をもらう必要はない。いわゆるエレベータトークを意識すればよい。エレベータやトイレ、コピー機、人によってはタバコ部屋で、関係者と一瞬でもすれ違うタイミングはあるはずである。たとえ社長や役員でも会社で1回もすれ違うことがないという広告宣伝担当者はいないはずだ。そうした時に一言でも良いから会話すればよい。天気の会話をするくらいなら、仕事の話をすればよい。ちょっとした立ち話として話したつもりが、重要なヒアリングの場となる可能性はある。こんなふうにたまたま接触するタイミングが合うことなんて少ない、というなら、タイミングを合わせればよい。相手がコピー機に向かうなら同じ様に向かえばよい。それくらいなら誰だってできるはずである。フロアが違ったとしても、基本的に同じ建物なら可能性はある。広告宣伝に携わる部署の方は基本的に本社にいるので、できないはずがないのだ。

なぜここまでの真剣勝負が必要なのか。その答えは、企画の実現力を武器に、優秀なスタッフたちに自分の仕事の優先順位を上げてもらい、素晴らしい仕事を永続的に生み続けていくためである。担当である自分のためであり、結果的には会社のためである。この人についていっても企画が実現しない、と思われてしまったら、誰も力を貸してはくれない。仮に理不尽なスケジュールであっても、この人の話は必ず実現する、この人の仕事はほかを辞めてでも携わりたいというふうに認識してもらえれば、１００％どころかそれ以上の力を発揮してもらうことができる。広告代理店は、あなたの仕事だけをしているわけではないし、あなたの会社の仕事だけをしているわけでもない。他社を含めいろいろな依頼の中から、優先順位をつけて仕事に取り組んでいる。その際にあなたの仕事の優先順位を上げてもらう必要がある。それは緊急だからではなく、重要だから上げてもらわなければ意味がない。この人の仕事だから、という点で優先してもらいたい。そうすれば常に社内外の優秀なスタッフがあなたに力を貸してくれる。そして素晴らしい仕事を生み続けることができるのだ。

広告主と広告代理店は、騎手とサラブレッドの関係に似ている

広告主によっては、自分たちがコピーライティングやデザインを手がけるクリエイターである場合もあるが、大半の企業はそうしたクリエイティブ作業も広告代理店に依頼するケースが多い。またメディアバイイングを自社でやる広告主はほとんど見当たらないことを考えると、広告をするためには、大小は別として広告代理店の協力が必要になってくる。ここに広告主と広告代理店の関係が生まれてくるわけだが、私は広告主と広告代理店の関係は、競馬における騎手とサラブレッドの関係に似ていると考えている。

広告代理店の人材はクリエイターに限らず、まさに「海千山千」。あなたの仕事の担当

になるまでに、様々な企業の案件を担当してきているわけである。過去には広告主のくだらない一言で振り回された経験もあるかもしれない。そんな彼らは、対峙する相手の「レベル」を見ている。広告主が、担当者が、どの程度の存在なのかを見ているのだ。その様な相手だからこそ、広告主という立場を「使った」ところで、本当の意味で彼らは動いてくれない。「依頼したのに広告代理店が全然動いてくれない」と困ったことのある広告主は多いはずだ。しかし広告代理店側の立場に立てば、「依頼内容の背景が理解できない」「依頼内容に応えたところで、その後また別の依頼をされる可能性がある」といった思いを持っているのだろう。かつ広告代理店は、広告主の依頼を自分たちだけで解決できるケースは少ない。外部のクリエイターはもちろん、タレント事務所や音楽業界関係者といった複数の外部の有力者の協力を得ながら広告物の提案をしているわけなので、おいそれと広告主の依頼を受けたところでその先にいる関係者の同意を得られるかは分からない。だから「発注者と受注者」の関係を利用して、発注者が受注者に対して「命令」をしたとしても、結局のところうまくことが進みはしない。

この様な状況において、広告主はどの様に広告代理店と対峙すればよいか。答えはひとつ。あなたが広告代理店の人材に、この人と一緒に仕事がしたいと思ってもらえる人材になることだ。この人との仕事は大切であると思ってもらうことができれば、広告代理店の人材は積極的に力を発揮してくれる。外部の関係者にも熱心に依頼してくれるだろう。そうすれば本来不可能だったことも実現できるようになるかもしれない。

広告物は決してロジカルにでき上がるものではない。何時間もかけたからといって素晴らしいものができるわけでもないし、有力者の好き嫌いで決まるといったこともよくある。そうした中で多くの人の協力を得るためには、依頼をする広告代理店の人材の熱意や情熱、執念といったものが必要になる。そしてその広告代理店の人材の心を動かせるかどうかは、広告主にかかっている。広告主の熱意や情熱といったことはもちろん、先述した高めるべき3つの能力を含め、広告主の存在自体が問われているのだ。広告主が広告代理店を選んでいるだけではない。広告代理店もまた広告主を選んでいるということを忘れてはいけない。

まさに広告代理店は競馬におけるサラブレッドである。サラブレッドは乗る人を選んでいる。誰もがサラブレッドに乗れるわけではない。またサラブレッドに乗ったからといって、誰でもレースに勝てるわけでもない。本来の力を発揮させることができなければ、勝つことはできないのだ。

広告主は、サラブレッドを乗りこなす騎手にならないといけない。プロフェッショナルにならなければならない。広告関係者とのやりとりは専門職の領域なのだ。あなたが社内異動で他部署から広告宣伝の仕事に就くようになったのであれば、この業務の素人であることを認識し、早急に専門職へと「転職」しないといけない。そうでなければ、広告という多額のお金を使う「投資活動」を無駄なものにしてしまう。たとえ優秀な外部スタッフが集まったところで、彼らの力を発揮させることができず、広告物は中途半端なものになり、ROI（投資利益率）の低い結果を招くことになるだろう。もしくはそもそも優秀な外部スタッフが集まることすらないかもしれない。多額の広告費を持っている広告主だからといって、優秀なスタッフが力を貸してくれるわけではない。あなたの仕事をしたいと思ってもらえるかどうか、すべてはそれに尽きる。

広告代理店から提案される広告がつまらなかったり、実施に至った広告がいまひとつだったりするならば、問題は広告代理店の方ではなく、むしろあなたの方であると考えた方が良い。広告主の担当者であるあなたが優秀なスタッフを集められなかった、もしくは優秀なスタッフを集めたが彼らの力を十分に発揮させることができなかったから、広告が不発に終わったのである。

広告に限った話ではないと思うが、成果を出すためにはスタッフィングが99％。優秀なスタッフを集められるか、彼らの中であなたの仕事の優先順位を高められるか、それらはすべて、あなたにかかっている。

影響力の大きさに責任を持つ

広告活動費はマーケティング活動費の中で大きな金額を占める。億単位という金額を動かすわけで、事業活動全体を見渡しても決して少ない金額ではない。メーカーであれば、1銭2銭単位でコスト管理をしている社員もいる中で、「こんなもんでいいか」と何千万円、何億円といった金額の企画を簡単に良しとするわけにはいかない。個人で何千万円するモノを購入する機会など一般的には一生に一度あるかないかではないだろうか。何千万円する家や高級車を自分で購入するなら、商品の細部まで確認し、本当に自分が納得して初めて購入するはずである。広告の業務もこれと同じ姿勢で臨むべきである。まるで自分のお金を支払うかの如く、広告物を「お買い上げ」するのだ。

また、広告活動はそもそも多くの人に向けて行う活動であるため、非常に大きな影響力を持っている。テレビＣＭや新聞をはじめとしたマス媒体に広告を出稿すると、当然ターゲットとする人以外にも広告が届くことになる。出稿する内容がターゲットにとっては心地良いものだったとしても、マスという「公共」において、そのほかの方にとっては不快と捉えられることもあり得る。広告を見ようと思ってメディアに触れる人はほとんどいない。広告は人様の空間に割って入るわけであり、公共の場で行っている活動であるということへの配慮は、やはり必要である。

さらに広告活動の多くは商品を販売することが主な目的ではあるが、結果的にブランドイメージ、ひいては企業イメージに関係してくる活動である。広告は、決して広告を届けたいお客様だけが触れるわけではない。だからこそ、企業の利害関係者のことも忘れてはいけない。こんな広告を展開したら社員はなんと思うだろうか、株主はなんと思うだろうか。過去働いていたOBやOG、就職、転職活動をしている未来の社員にも影響を及ぼすことになる。

最後にもうひとつ。企画された広告活動が世に出る前に、営業の商談情報として活用されるケースだってある。あなたが考えた企画を使って、何百人の営業パーソンが営業活動をする企業もあるはずである。あなたの考えた企画がいいかげんなものだったとしたら、その企画で多くの社内の関係者が被害を受けることになる。だからこそ、この企画だったら自信を持ってお客様に話をしてもらえる、と思うところまで企画のレベルを高めなければならない。

広告活動が事業活動において最も責任のある活動である、というわけではないが、少なくとも社内外の多くの人に影響を及ぼす活動であることは間違いない。そのため多額の金額を動かすことへの責任、公共の場で活動することへの責任、企業イメージを左右する活動であることへの責任、そして多くの人を巻き込んでしまう活動であることへの責任。こうした責任を持ち、広告活動を進めていくべきである。

月刊「宣伝会議」収録特別対談

広告主の視点で考える現状の課題と日々心がけるべきこと

広告活動は、当然ながら企業の意思があって初めてスタートします。未来に向けて広告界が進化するためには、広告主の姿勢や取り組みがカギになることは間違いありません。江崎グリコで広告を担当する著者と、旭化成で長年広報室長を務めた山崎真人氏、業種の異なる2社の広告パーソンにより、この議題について対談を行いました。

いち生活者としての実感値と乖離した広告界

山崎： 広告界という視点から考えると、デジタル広告が進展してきたことで、すぐに結果が得られるようになってしまった。そのため、広告主も結果を早期に求める傾向が強くなったと感じています。インターネットですぐ注文ができ、アクセス数などのデータも見ることができるようになりましたから。

玉井：当社においても、広告の投資効果がよりシビアに経営層や他部署から見られるようになってきたと感じています。

山崎：短期的に売上などの結果を求めすぎる傾向はありますね。それは、決して悪いことではないかもしれないけれど、いろいろな部分で早期に成果を求めることで、広告業務が煩雑化している面はあるかもしれません。また最近、問題だと感じるのは広告主と広告会社、さらにメディアの体制のバランスが崩れていること。ビジネスのスピードはますます速くなり、広告主はスピードに乗ってグローバル展開も視野に入れているけれど、広告会社やメディアは国内を中心に考える。どうしても、そこに温度差が生まれてしまいますよね。

玉井：私は広告業界を見ていて、生活者の動きを意識していないのではないかと感じることがあるんです。広告会社の人と話していると、これだけメディア環境が変わっていながら、今もテレビＣＭが中心の話になってしまう。でも、普段自分が生活をしていても、テレビを観る時間がほとんどないので、テレビを中心にした企画にはいち生活者としてピンとくることがないんです。これって自分も含めて、企業人としてものを考えるときに、生活者としての感性を忘れがちなのではないか、と。

山崎：玉井さんのおっしゃるように、まだまだテレビCMの提案は多いですよね。今やメディアは多様化し、また個人がそれぞれのメディアから情報を入手するようになってきました。さまざまなメディアを組み合わせなければならない時代になってきているけれど、なにが一番良いのかは我々も考えないといけない。

現実と乖離した世間のイメージ

山崎：あと、これは学生に言いたいんだけど、思っているよりこの業界は地味ですよ（笑）。華やかなイメージがあるからいけないんだよね（笑）。

玉井：地味ですよね（笑）。社内でも華やかな部署だと思われることは多いです。

山崎：費用対効果も問われるし、効果を出そうと四苦八苦しているのが現状で、華やかなところなんて全然ないですから。広告界っていうのはイメージと現実のギャップが大きいですよね。

玉井：本当にそうですよ。テレビＣＭや出演するタレントの印象で華やかだと思われているのだと思いますが、そんな世界に触れ合うのは仕事の中でも一瞬のことで（笑）。泥臭いですよね。ただ学生さんに限れば、広告自体に触れなくなってきているので、華やかなイメージすら持たれていないのではないか、と。昔は「あのＣＭがおもしろかった」とか「このＣＭが好きで…」と広告界を志望していた人が多かった気がしますが、今の若い方って、そんなふうに広告に触れていないような印象を受けますね…。

山崎：それはありますね。先ほども玉井さんがおっしゃっていたように、若い人は今テレビを観なくなったから。昔はテレビやラジオしかコンテンツを楽しめる場がなかったので、自然と広告も見ていましたよね。以前のほうが、広告のおもしろさに触れる機会が多かったかもしれません。また最近はネットが浸透したことで、ＣＭに対するクレームが増え、企業の姿勢も問われるので、昔ほど挑戦的な表現はできなくなりつつあると感じます。そういう面からも、広告のおもしろさが伝わりづらくなっているかもしれません。

玉井：広告主もクレームを恐れてチャレンジしづらい環境になっていますよね。

山崎：万人に受ける表現というのは難しくて、どうしても好き嫌いは出てしまう。最近は、一般の方が「この表現が嫌い」と思ったことも簡単に発信できる環境になっていることが背景にあるのではないかと思います。そう考えると、クレームやイメージ低下を恐れて、昔は良くても今は認められなくなってしまっているものも多いですよね。

企業広告で事業のつながりを社員が理解できる

玉井：旭化成さんの広告を見て、山崎さんは広告会社側の立場で仕事をしていらっしゃるんだろうなと感じていました。広告担当者が広告主側に立ってしまうと、どうしてもクリエイターと対峙してしまい、良いアウトプットにつながりません。旭化成さんの企業広告は、事業は多様化しているのに、とてもシンプルな表現ですよね。以前からそれを見て、必ずクリエイターや広告会社側に立って社内で戦っている方がいるんだろうなと思っていました。今日お話を聞いて、それはおそらく山崎さんだなと（笑）。

山崎：旭化成はBtoBが中心で、かつ事業が多様化しているので、社員の会社に対する帰属意識や求心力を醸成し、シナジー効果を生み出そうとしてもなかなか難しい面があります。グループの求心力や総合力を発揮させるのが企業広告の役割のひとつと考えているので、これまでの会社の歴史とかブランド戦略やコミュニケーション戦略、会社の風土まで理解してもらえるクリエイターとの関係性が不可欠だと考えています。そこで当社は、お付き合いするクリエイターを頻繁に変えるようなことはせず、一心同体でパートナーとしてお仕事をさせていただくようにしています。

パートナーシップをどう成立させるか

玉井：旭化成さんの企業広告はワンビジュアル、ワンコピーのシンプルな表現が象徴的です。ああいった案を社内でプレゼンするときに、広告担当者の覚悟が弱いと「あれも言ってくれ」「これも追加して」といった社内の声に反論できないですよね。でも、追加で要素を入れてしまっては、狙いとしていた表現のシンプルさが壊れてしまう。広告担当者が社内の声に負けて、追加の要素を入れてほしいとクリエイターに伝えると、モチベーションも下がってしまうんですよね。クリエイターが納得できるものなら良いのですが、あまりに無理を言っていくと、良いクリエイターがどんどん企業から遠ざかっていく。そこで次のクリエイターへ依頼となると、初めから良い案が出なくなってしまう。負のスパイラルに陥っていきますよね。

山崎：何社もパートナーを変えていると、理解が浅くなってしまう。我々も長い間ずっと広告会社は1社をメインとしてお付き合いしているのですが、お互いを理解した信頼関係がないと、向こうも安心してアイデアを出せないですよね。クリエイターの人選や作風にしても、信頼関係がなく、勝つか負けるか分からないということになると、会社のために思い切った挑戦をしてもらえない気がします。

玉井：社内では、少し一般の感覚で捉えてみるようにと話をしています。みんな自分の作った商品に愛着を持っていますから。もしかしたら大ヒットするかもしれないけど、1000個のうち3個しか売れないと言われている業界の中で、目の前の商品がどうしてその3個のうちになり得るのか？と。当社はロングセラー商品が多いのですが、ロングセラー商品は、そんなに目新しい特性が打ち出せるわけではない。生活者と商品の関係が根本的に変わるように持っていかないと、広告としても意味がないですよね。POPと同じことを広告すればいいのなら、宣伝部はいりませんから。

専門職として強い意識を持つことが必要

玉井：広告会社は、自分たちはアイデアを売っているのだということにもう少し自信を持ってほしい。アイデアってなかなか出てこないじゃないですか。僕はアイデアってお金で買えないところがあると思っていて。山崎さんのお話にもあったように、なぜクリエイターや広告会社側に立つのかというと、良くないクリエイターがついてしまうと、良いアイデアが出ないからなんですよね。だからアイデアを売るということに自信を持ってほしい。あと、アイデアは値付けがすごく大事だと思っています。クリエイターは自分のアイデアが、いくらくらいになるのか自ら言ってしまっても良いと思います。メディアは定価が決まっているから、安いほうが良いのですが、アイデアはそういうものではない。だから、山崎さんは頻繁にクリエイターは変えないほうが良いとおっしゃっているわけで、当社としても良いクリエイターはグリコの傍にいてほしい。だから社内の一言でアイデアや良いクリエイターが離れてしまうのは困りますし、僕ら広告担当者はその一言をはね除けないといけないんですよね。

山崎：どんなに良い商品だって、知ってもらわないことには売れない。企業の成長や商品の売上は簡単には伸びないですから、そこを広く知らせるのが広報・宣伝部だと思います。ですから広告主の皆さん、宣伝部の皆さんには、「会社の顔」であるという、強い意識を持ってもらいたいですね。一方で、だからこそ、その立場に甘んじることなく、自分を磨き続ける必要がありますね。

玉井：社会的にあまり認知されていませんが、僕は広報や宣伝は専門職だと思っています。ですから必要不可欠であり、もっとプロフェッショナルという意識で仕事をしてもいいんじゃないかと思います。生活者との出会いを作り、愛され続けるという永遠の課題が商品にはある。その課題を解決するのが広報部や宣伝部だと。広告という言葉がもしなくなっても、宣伝部はなくならない。この仕事は数限られた専門職だと思うので、プライドを持ってやって良いと思います。

本対談は2017年1月号「宣伝会議」に掲載されたものを編集しています。

対談相手

旭化成
広報室長
山崎真人氏

1984年慶応義塾大学法学部卒業。同年、旭化成工業（現旭化成）入社。住宅事業部、東京商工会議所への出向を経て、2002年4月に旭化成広報室に異動。2007年7月から2017年3月末まで、約10年にわたり広報室長を務める。同社の企業広告を「イヒ！」シリーズから「昨日まで世界になかったものを。」に転換するなど、経営計画に連動した積極的なコミュニケーションを社内外に展開。

Chapter

2

これまでの常識を変える

広告は邪魔者ではなく、もはや存在すら知られていない

「広告とは邪魔者である」とは、よく言われてきた言葉だ。広告業界で働く人なら、この仕事に就くと最初に言われることが多いのではないだろうか。また広告に関連するセミナーなどでも言われることはあるだろう。しかし私は、広告はもはや邪魔者にすらなれない存在になってしまったのではないかと感じている。広告は邪魔者。それは確かにそうではあるが、現実はむしろ存在すら知られていない。邪魔者にすらなれなくなっている。

広告が邪魔者になり得たのは、人々が情報を入手する媒体がまだパーソナライズされていなかった時代だ。たとえばテレビやラジオといった、マスメディア。そして発達する前のインターネットなどが当てはまる。この番組を視聴する人、この雑誌を購読している人、このサイトに訪問する人といった形で大まかにターゲットがくくられ、たいていは1種類の広告が投下される。するとその媒体を使用する人に、一方的に広告を接触させることができる。つい最近まで主流の広告手法であり、今でももちろん継続されているやり方である。

広告を出す側はこの様なやり方をもう何十年も続けており、今もそれほど変わってはいない。しかし情報を入手する側の動きは変化している。たとえばテレビで情報に接触する場合、今ではどの家庭でも当たり前の様に、見たい番組をＤＶＤやブルーレイに録画し、後で視聴する。もしくは「おっかけ再生」を活用して、録画しながら視聴する。この場合、視聴者がテレビＣＭに触れることはない。ＣＭはスキップされるのだ。別に大人だけがＣＭをスキップするわけではない。３歳の子どもでもＣＭをスキップしてアニメを見ているのが現実である。

インターネットはどうだろうか。こちらにもＲＳＳ（リッチ・サイト・サマリー）という概念が存在している。自分の設定した興味に即した内容が新しく出現した時にだけ、勝手に情報を届けてくれるものだ。たとえば好きな芸能人のブログが更新されたかどうかをブログにアクセスすることなく知ることができる。逆に、興味があると事前に選択している情報以外は届かない。

移動中の人々のメディア接触も変わってきている。電車ではほとんどの人がスマートフォンを眺めている。街を歩いている時も「歩きスマホ」をしている。電車の中吊り、屋外広告に目をやる時間は減っている。またスマートフォンは、クッキーにより使用者の過去のインターネット行動履歴から最適と思われる情報を掲載する。一度訪れたサイトの情報がその後何日もポータルサイトの広告として表示されることを多くの人が経験しているだろう。スマートフォンはほぼ完全にパーソナライズされた媒体であり、使用者にとって最適化された情報しか表示されないようになってきている。

広告関係者はこうした動きが起こっていることをすでに知っているはずである。普段の生活で自分がしていることでもあるからだ。テレビ、インターネット、スマートフォン。これらは一例であるが、いずれもテクノロジーの発達が人々の情報接触の方法を劇的に変えている。広告主はこの変化を見落とすわけにはいかない。マスメディアという媒体は今も存在しているが、人々が情報を入手する方法はパーソナライズされており、これまでの考え方では広告に触れさせることができなくなっている。だからこそ、今はもう広告は邪魔者にすらなり得ない。存在すら知られることがないまま死んでいく広告がどんどん増えているのだ。

インパクトではなく、レリバント

日本で1、2を争う進学校の生徒に広告について講義をしたことがある。講義の中で彼らに広告を制作してもらい発表してもらったのだが、「広告なので目立たないといけないから」といった発言が多かったことを覚えている。広告代理店と話をしていると、インパクトという単語がよく出てくるはずだ。昔から広告で語られている「AIDMA」の「A」、電通が2005年より提唱している「AISAS」の「A」は共にアテンションであるが、このアテンションを取るためにインパクトが必要だという話である。このインパクトも目立つことも、広告は邪魔者であるという前提に立っている。広告は邪魔者だから振り向かせることが必要で、人の目を引き付けるアテンションのために目立たなければならない。だからインパクトが求められ、インパクトのある広告でアテンションを取ろうというロジックになっている。ただし、本当に目立つ必要があるだろうか、インパクトが必要だろうか。今私たちを取り巻く環境はこうした前提を疑わなければならないくらい変化してしまった。既成概念にとらわれることなく今の生活者の行動を考えた時、いやむしろ生活者というよりも自分自身の生活を考えた時、本当にアテンションで素晴らしい広告に出会うことができたことがあるだろうか。

前提は変わってしまった。広告はもはや邪魔者にすらなれない。存在すら知られない状況になっている。いくらインパクトを重視して目立とうとしても、誰も知らないところで目立とうとしているだけなのである。今やインパクトではアテンションを取ることはできない。仮にインパクトのある広告で一瞬一部の人に振り向いてもらったとしても、すぐに素通りされてしまう。街中で突然叫んだら周りにいる人は一瞬振り向きはするがすぐに過ぎ去ってしまう、あるいは不快な思いを感じて遠ざかっていくだろう。アテンションは必要ではあるが、アテンション＝インパクトではなくなってしまったのだ。アテンションの考え方、捉え方が変わってきている。

ではアテンションをどの様に考えればよいか。広告が邪魔者から存在すら知られなくなっている状況下においてまず考えるべきは、存在を知ってもらうためにどうするかである。これまでの広告の考え方は、情報を届けたい相手の生活に無理やり入り込む様なものだった。テレビ番組を見ていたのに、突然テレビＣＭが割り込んでくるというのがその典型である。ウェブ動画を見ようとしても見たい動画の前に数秒間の見たくもない動画が強制的に流れてくる。メッセージアプリで友達とやりとりをしていて、その友達からメッセージがきたと思ったら下らない広告メッセージが届いてきた。こうした受け手が全く望んでいない、関係のない情報を無理やり届けようとするから、テレビCMのスキップやウェブ動画視聴のスキップ、メッセージのブロックといった反応を引き起こしてしまう。たとえスキップやブロックをしなかったとしても、ただその広告を「流してしまう」だけで、その存在を認識することはほとんどない。

どれだけインパクトのあるテレビCMを作ったとしても、ほとんどの人はテレビCMそのものをスキップするので見てもらうことさえできなくなった。これまでの広告の在り方が、見ず知らずの人に突然話しかけて、相手が聞きたくもない話を延々とするようなものであるのだから当然の結果である。生活者の日常に無理やり入り込もうとするからスキップやブロックという反応を生んでしまうことになってしまったわけである。そうではなく、自然に入り込むことができれば、しっかりと広告の存在は認識され関与させることができるはずだ。そうなるためには、広告がその広告を届けたい相手にとって関連のあるものである必要がある。広告を届けたい相手を特定し、その人にとって関連性の高い情報として広告を届ける。そうすることができれば、存在の認知は当然のこと、邪魔者どころか、有益な情報として迎え入れてもらえる。

これからの広告の在り方は、「パーソナライズ」した「関連性の高い」情報を届けていくことだ。情報量の増加とスマートフォンの普及もあり、情報の受け手を取り巻く環境は急変している。その変化に広告主は対応しなければならない。広告は広くたくさんの人に告げる役割を終え、ブランドと生活者との関係を作るものへと変化してきている。特にこの日本において、広く告げるだけで簡単に売れる商品はほとんど存在しない。知らせることが主目的ではなく、商品と生活者との関係性を高めることが目的になるのであり、そのためには、真に生活者のためになることを考えないといけない。そう考えれば、もはやインパクトなど必要ない。考えなければならないのは、商品と生活者との関連づけ、つまりレリバントである。

このレリバントは、広告をただエンタテイメント性のあるコンテンツへと変化させるという話ではない。広告を見てもらおうと、エンタメコンテンツの一部に自然と広告を溶け込ませるやり方では、結局のところ、本質的に商品と生活者との関係性を高めることはできない。広告をあたかも広告ではないように見せているだけである。つまりネイティブアドでは不十分だということだ。「自然に」見られることに意味はない。相手の生活に自然と入り込むには、本心からその人にとって有益な情報を届けるスタンスが必要である。有益でない情報だとすれば、どんなに自然に話しかけられても、結局関係のない話を聞かされたと思われるだけだ。だからこそレリバントを重視する。広告を届けたい相手と、その広告との関連づけを意識すること。私たちは広告であろうがなかろうが、自分の生活に役に立つ情報を無意識に集めている。必要な情報を検索したり、RSSの様な機能を使い、常に自分の興味のある情報が集まってくるようにしている。相手の興味に合わせた情報発信をしなければ、接点すら持てなくなってきているのだ。だからこそレリバントを考える必要があるのだ。

商品から逃げてはいけない

あの広告は覚えているが、なんの商品の広告だったのかは覚えていない。こうした言葉も広告の世界ではよく聞く話だ。企業の一方的なメッセージでは生活者に届かないから、生活者が好むものを提供しないといけない、という広告代理店からの提案を鵜呑みにして広告物が作られた結果、広告は生活者にはウケたが、モノは動かなかった、何百万回もウェブ動画は再生されたが、商品は全く売れなかった、テレビCMの好感度は前年より高いのに、売上は前年割れした、といった状況が生まれることは珍しくない。これらは必要以上に生活者におもねた結果だ。我々はただ単に生活者を楽しませるために多額の広告費を使うのではない。さらにせっかく広告との接点を持ってもらったにも関わらず、なんの広告だったか分からないというのは広告をしていないことと同じである。広告は手紙と同じであり、差出人の分からない手紙など気持ちが悪くて誰も受け取ってはくれない。つまりなんの広告だったか分からないということは、生活者に受け取ってもらえていないのだ。商品の存在を広告から消してはいけない。

決して商品を全面に出した広告を作るべきだということではない。企業の一方的なメッセージは御法度ではあるが、それは商品の存在を消してしまうことではない。たとえば15秒のテレビCMや長尺のウェブ動画において、最後の1カットにオチとして商品が紹介されるものを多く見るが、それはあまりにも商品のことを信じていない。広告を考える時に商品から逃げてはいけない。どの様にすれば商品が生活者に受け入れられるものになるのか。この点をとことん突き詰めなければならない。

生活者に受け入れてもらえる点があるから、その商品はこの世に存在しているのだ。1点も受け入れてもらえる要素がなければ、商品は存在する必要がない。広告を実施するなら、もし見つかっていなくても、広告のオリエンテーションを行うまでにはこの点を見つけなければならない。この作業を怠って広告物を生活者にウケるものにしようとしても、その広告は受け取ってもらえない。商品から目をそらしておもしろいコンテンツなんて作っても駄目なのである。商品が中心であること。商品を話題にすること。商品こそがコンテンツであるべきだ。そこから逃げてしまったら、あなたの作る広告は他社の商品にすり替わっても成立する残念なものとして消えていくだけだ。

「Are You The Greatest?」という文書を知っているだろうか。これは世界を代表する広告代理店であるオグルヴィ・アンド・メイザーの創業者デヴィッド・オグルヴィ氏が1979年に自社のクリエイティブディレクターに宛てたメモである。このメモには良いクリエイティブを実現するための条件が書かれているのだが、その中に「Do you always make the product the hero?（いつも商品を広告の主人公にしているか）」という項目がある。また「Do you repeat the brand-name several times in every commercial?（すべての広告において、ブランド名を何度も繰り返しているか）」という項目もある。「広告の父」「広告産業において、最も信頼される人物の1人」と称される人物でさえ商品を中心に考えることの大切さを説いているのだ。彼のこの言葉は広告主を勇気づけてくれるはずだ。もしあなたの対峙している広告代理店が商品を脇役にした広告を提案してきたら「もっと勉強してください」と一蹴すればよいのだ。

「why to be」を考える

広告の重要性はインパクトからレリバントへと移行している。レリバントを高めるために広告主がやらなければならないことは、広告をするブランドがなぜ存在しているのかを考えることだ。誰にとっても無益な存在であれば、どんな相手との関係性も高めることはできない。一方で、誰かにとって有益な存在であれば、その相手との関連づけをすることができる。だからこそ、そのブランドはなぜ誕生したのか、そして今も存在し続けている理由はなんなのかを考えなければならない。私はこれを「why to be」と呼んでいる。

よく広告を企画する段階で「what to say」と「how to say」を考える。「what to say」

は広告でなにを伝えるか、つまり広告のメッセージである。「how to say」はその伝える内容をどの様に伝えるか、つまり広告表現である。一般的に「how to say」を考える前に「what to say」を考えないといけないと言われている。広告表現に入る前に伝えるべき内容を考えよということである。広告主が曖昧なオリエンテーションを行うことが原因だが、ずいぶん前からクリエイターも「how to say」だけではなく、「what to say」を含んだプレゼンを行うようになってきている。ただ私はこの「what to say」よりも上位概念として「why to be」を置き、これこそ広告主が考えるべきものだと考えている。なにを伝えるかを考える前に、地球上でそのブランドがなぜ存在しているのか、もしくはなぜ存在し続けているのか、誰の、なにを、どの様に解決するために存在しているのかを考える。その商品が生活者にとってどう役に立つ存在なのかを定義することがすべての始まりであり、これを捉えることができなければ、そのブランドを届けたい相手との関係性を高めるどころか、関連づけることすらできない。「why to be」を考えることは、就職活動における自己分析のようなものかもしれない。「自分はこういう存在だから御社に貢献できる」と伝える就職活動は、「自分はこういうブランドだから、あなたの生活に貢献できる」と伝える広告とほとんど同じである。

図表❶ 広告を企画する段階で考えるべきこと

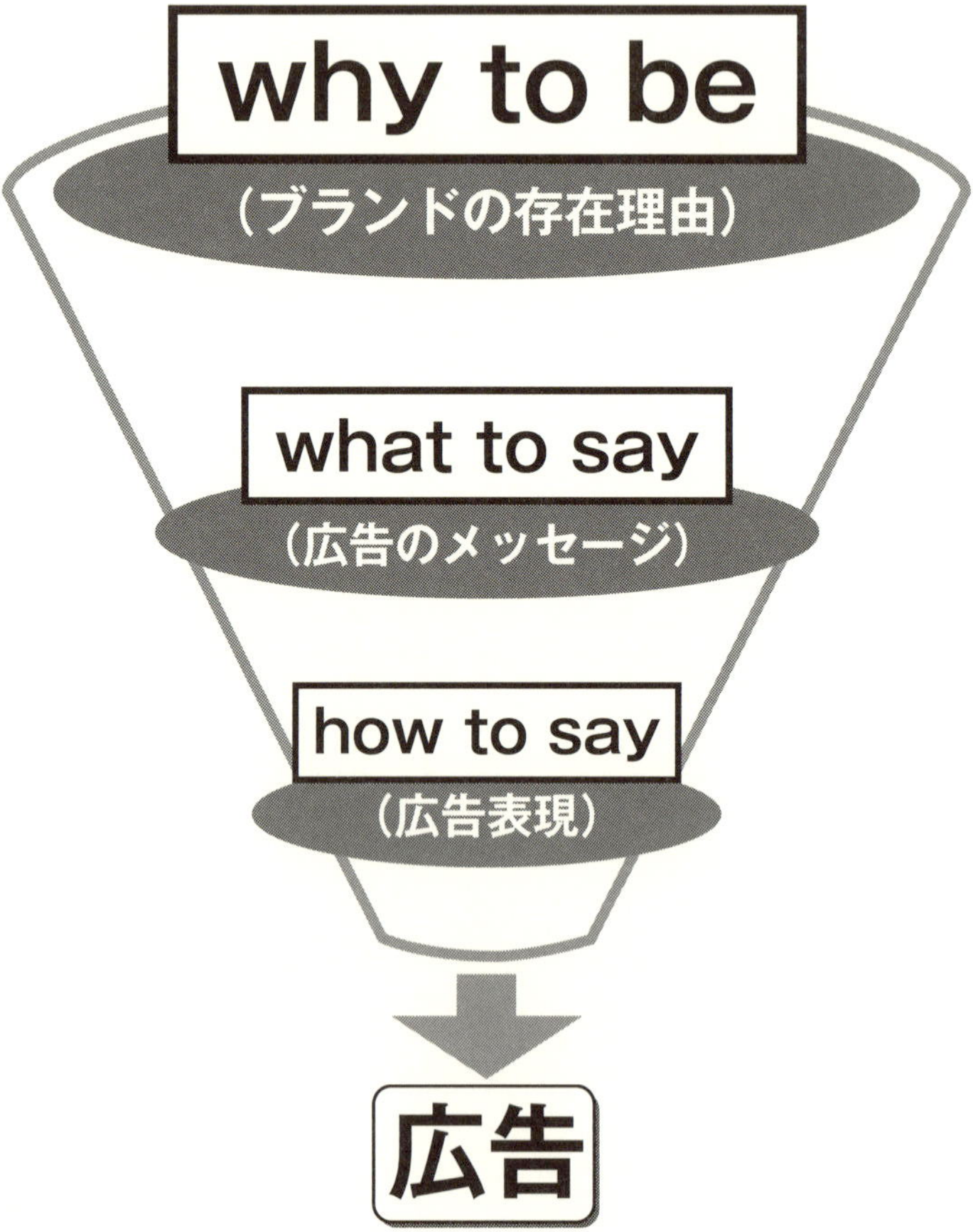

「why to be」を考える時に意識することは、生活者の視点である。生活者にとってどう良いから存在するのだという視点が必要になってくる。能で有名な世阿弥も観衆の視点を大切にしていた。彼は「離見の見」という、相手が自分を見る視点を意味する言葉を著書の花鏡に残している。能を演じるにあたり、自分が観衆を見ることを意識するだけではなく、観衆が自分をどう見ているのかも意識することが大切だと考えていた。自分の見てほしいところ、良いと思っていることばかりを伝えようとするのでは、相手には伝わらないと述べる。「why to be」を考える上でも、この考えは参考になる。離見の見とは生活者の視点。この商品はこうありたいということだけにとらわれるのではなく、生活者の日常を想像して、「この商品はこうだから役立つ」と考えること。そうやって作り上げた「why to be」があれば、今の生活者は必ずその商品の存在を認識してくれる。派手なことをして目立つ必要などなくなる。

Branding から Mattering へ

商品から目をそらさず、なぜその商品が存在しているのかを考え続け、どうすれば生活者の生活の中に受け入れてもらえるかを考える。こうした作業は、商品の良いイメージを与えるBrandingとは異なる。多くの広告は、商品の良いイメージを与えることに留まっている。それをぜひ買いたいというよりは、ほかのものを買うくらいならこの商品の方がちょっと好きなのでこっちにしようかな、と思ってもらうことを狙いにしている。それも成功だろうという意見はあるかもしれない。ただし多くの金額を投資するのであれば、「ちょっと好きかもしれない」という曖昧な関係作りではもったいない。

良いイメージを与えるだけでは「いい人」どまりなのだ。必要不可欠な存在にはなれない。テレビCMに最低でも何億円という投資をしているにも関わらず、イメージ向上に留まっているようでは不十分だ。イメージ向上は当然のこととして、商品の購買につながる具体的な理由や提案を明確にするべきである。どうすれば生活者がその商品を必要なものと認識してくれるのかを考える。商品と生活者の理想の関係性を考えていく。これこそが、これからの広告に必要な考え方である。

広告はもはや、商品に化粧を塗って良く見せて広く届けようというものではない。良いイメージを与えてくれるものは世の中に溢れかえっていて、イメージだけでは不十分なのだ。そして同様に、広告だけの作り話も意味がない。インターネットを中心に世界中から刺激的なリアルな情報が集まってくる時代に、フィクションをいくつ作っても人々には届かない。まして広告だけの作り話、たとえばテレビCMで役者が集まってなにかを演じているような内容は本当の生活では起こらない絵空事であり、いくらテレビCMの好感度が高くても意味をなさない。リアルなものを提供していかなければ今の生活者には響かなくなってきているのだ。だからこそこの商品は生活者のなにに貢献できるのか、生活をどう良くしていくことができるのか、なぜ生活者はこの商品を必要不可欠だと思ってくれるのか。こうした点を考えて明示すること。この作業を行うのは、広告代理店ではなく広告主だ。ブランドを売り込むのではなく、生活者の生活の中で重要なものとして認識してもらうだけの価値を提示する。それにより生活者の暮らしをより良いものへと変えていくのだ。

人々は商品を買うというよりも、商品によって得られる体験を買っている。たとえば妖怪ウォッチの妖怪メダルも、メダルを買っているというより、テレビ番組で見た妖怪を呼び出すシーンを自分の生活で体験することを買っていると言える。ディズニー映画のアナと雪の女王も、映画を買っているというよりは，劇中にみんなで歌うという体験を買っていると言えるだろう。もはや生活者は受け身でいるのではなく、むしろ行動の主体者になっている。その様な時代に、いつまでもフィクションを一方的に送っているだけではいけない。生活者が暮らしの中で体験したい、参加したいと思ってもらえるだけの価値を提示して、具体的な行動につなげることが求められている。そしてほかにはない個人的な経験を通して、自分は特別だと感じてもらうのだ。私たちは単なるメッセージや動画を届けることが仕事ではなく、行動を届けなければならない。その行動を起こさせるだけの価値とはなにかを考えた後に初めて，どうすればこのことをより良いイメージで届けられるかを考えればよい。その時に表現者の力を借りればよいのだ。

近年「advocate」という単語が広告の世界で語られるようになってきた。10年ほど前に日本の広告業界でこの単語を聞くことがどれだけあっただろうか。「advocate」はブランドのマーケティング活動において、生活者に起こさせたい行動のひとつとして挙げられている。説によって違いはあるが、「attention」や「interest」などから始まり、ほとんど限りなく最後の方に「advocate」は置かれている。以前の生活者購買行動論では「action」や「share」が最後の方に置かれていたが、今は「advocate」が取って代わってきている。

「advocate」はブランドの積極的な支持者になるといった意味で使われているが、要は現在のマーケティング活動はこのレベルにまで生活者にアプローチしなければいけないことを示唆している。ただ買ってもらうだけではなく擁護者になってもらうくらい、そのブランドが生活の中で不可欠な存在だと思ってもらうことが必要なのである。そのためにも自社の商品をお客様になんとなく買わせていてはいけない。人は自分で決めなかったことには責任を持たないが、自分で決めたことには責任を持てる。体に良い飲み物だと分かれば、まずいものでも買うし、まずいことに文句を言うことはないのだ。だからこそ購買する理由を明確にして、なんとなくではなく、理由を持って商品を買ってもらうのだ。

広告でモノが売れる時代は終わっていない

広告でモノが売れる時代は終わったとよく聞く。昔は革新的な商品があり、その商品を印象的に伝える広告を実施することで商品が売れた。しかし現在は差別化された商品がほとんどないため、広告を実施してもなかなか売れることはないと言われている。この話を聞くと昔と今とで変わったのは商品であり、広告ではないと捉えることができる。つまり過去に広告でモノが売れたのではなく、そもそも広告を実施していなくても売れた商品だった、そもそも売れる商品をより多くの人に効率よく知らしめた、まさに広く告げる「広告」を実施していた結果、より売ることができたのだと考えられる。この様に考えれば、広告でモノが売れる時代は終わったというよりも、そもそもそんな時代は始まっていなかったと考えられるのではないだろうか。

現在、広告は広く告げるという役割の時代を終え、商品と生活者との新しい関係性を作り出す役割の時代に突入した。だからこそ私は、革新的な商品があまりない今だから、広告によってモノが売れると考えている。革新的な商品を作り出すことは非常に難しい。21世紀に入って15年以上経つが、いったいどのくらいの革新的な商品に出会うことができただろうか。数個思いつくことはできても両手いっぱいに数を挙げることは難しい。一方で昔からある商品だが、その商品の見られ方、捉えられ方が新しくなり、それまで特に注目もされなかった商品が急に売れたという例はある。今まで光が当たっていなかった一面を気づかせることで、商品に振り向いてもらう。まさに人と人との関係に似ている。この人にはこんな側面があったのかとハッと気づくことで、急にその人との関係がグッと近くなることはよくある。人と人との関係と同じ様に、人と商品の新しい関係性を生み出すことができれば、革新的な商品でなくても広告で売ることができる。

広告でモノが売れない、広告を数回見た程度で商品を買うことはない。本当にそうだろうか。難しいのは事実だが、いつしか広告主の方からあきらめてしまっているのではないか。そもそもなんのために広告を実施するのかといえば、商品を売るためであることは変わらない。広告を実施する前から広告で商品は売れないと思っていたら、それは売れないという結果に終わるだろう。願わなければ叶わない。もちろん願ったからといって必ず叶うわけではないが、願っていなければ叶うことなどない。だからこそ広告主は広告によって商品を売ることをあきらめてはいけない。そのために商品と生活者の新しい関係性を作り出し、商品を生活上必要な存在として考えてもらえる一面を見つけなければならない。そうすれば売れるというよりも、「買って」もらえる。

広告は芸術ではなく課題解決である

仕事とは課題解決である、と言うビジネスパーソンは多い。課題を見つけることができれば仕事の8割が終わったとも言われるが、課題を捉えることは簡単ではない。ただし顧客の課題を捉え、その解決策を提示することで対価をもらうことがビジネスである。この考えは当然広告にも当てはまる。広告に携わると、かっこいい広告を作ってほしい、感動的な広告をやってほしい、と周りから言われることもあるだろう。しかしかっこいい広告、感動的な広告を作ることが広告の役割ではない。そもそもかっこいいもの、感動的なものなど世界中に溢れている。映画、テレビ番組といったエンタテイメントはもちろん、世界の感動ドキュメントはインターネットでたくさん紹介されているし、身近な友人に起こる感動的なことも、Facebookに毎日アップされている。

広告は芸術ではない。かっこいいことや感動的なことをすることではない。広告は企業のマーケティング活動である。結果的に芸術作品のような広告物ができ上がることに問題はないが、それは広告主の役目ではなく、アートディレクターやデザイナーが目指せば良い領域である。実際に現在もアートとして今なお語り継がれている過去の広告物は存在している。とはいえ広告主がやるべきことは芸術作品を世に残すことではなく、課題を解決する広告を実施することである。商品の課題、企業の課題、そして生活者の課題、それらを解決するものでなければ、たとえかっこよくても、感動的でも全く意味がない。かっこいい広告を出さないといけない時は、かっこ悪いと思われていることが商品や企業の課題である時である。

私たちが手がけるものは、広告の対象である商品や企業の課題を解決する広告であることが大前提だ。ブランドのなにが問題で解決したいのか。ここを曖昧にしたまま広告という「手段」の、さらにその手段である表現ばかりに目をやっていてはいけない。なぜ広告を行うのかという問いに対して、即座に明確に回答できるようでなければならない。ただし、広告をするブランドの課題だけでは不十分である。仮にかっこ悪いという課題を持っている商品がかっこいい広告を出したところで、今の生活者はなにを思うだろうか。企業の、商品の、かっこいい様を見せたところで、生活者の抱える悩みや問題、不安といったものに対する解決がないのであれば、広告に触れたところで流されてしまうだろう。商品、企業の課題を解決するだけでなく、その広告により生活者の持つ顕在的、もしくは潜在的な課題を解決するものであれば、生活者は受け止めてくれる。ブランドの課題と生活者の課題の両者を同時に解決するものを見いだすのは簡単なことではない。ただ難しいからといって、広告主はあきらめてはいけない。多額のマーケティング予算を預かる身としての責任がある。派手にお金を使う分、解決したい課題を明確にしておかなければ、結果的に良かったのかどうかも分からず、社内外で低い評価をされてしまうだろう。

広告でなんでも解決できるわけではない

広告が課題解決のためにあるからといって、なんでも解決できる「魔法」の様なものだと思ってはいけない。特にテレビCMの場合によくある話だが、広告対象ブランドの開発者や営業からは、たった15秒、30秒のテレビCMの中に、あれもこれも伝えてほしいと言われることがある。商品の特徴は一つだけではなく、この点もこの点も魅力だという。彼らにとってみれば冗談ではなく、真面目な話としていくつも魅力のある商品であると言ってくるのだが、一歩離れた立場にいる者、特に生活者にとってみれば、その魅力は他社の商品と比較しても大した差ではないと感じることがほとんどである。小さな違いをいくつも伝えたところで伝わることはない。伝えることと、伝わることは違う。

広告は、生活者の日常生活の中で突然生活者と接触する。生活者は、「これからテレビ番組を見よう」とは思うが、「これから広告を見るぞ」と思うことはない。よほど広告に関心がある人を除き、一般的にはまるで出会い頭で起こる衝突の様に、広告は生活者に接触するわけである。そんな状況で大して聞きたくもないことをいくつも伝えて、理解してもらおうと思うこと自体、無理がある。自分たちが届けたい内容を相手がどの様な状況で受け取るのかがイメージできていないから、一方的にあれもこれも詰めこもうということになってしまうのだ。

そもそも生活者は広告を意欲的に見てくれることはない。一方で多少難しい内容であったとしても、もしくは謎掛けのような内容であったとしても、理解してもらえる場合は多い。生活者の知性は期待しても、意欲を期待してはいけないのだ。その様な中で、小さい話をいくつも詰め込んだ話をされても、伝わるどころか聞きたくもないわけである。生活者の日常生活の中のちょっとした時間を無理やり借りて、こちらの伝えたい内容を伝えるわけなのだから、まずは見たい、知りたい内容であることが前提だ。

そもそも見たい、知りたいかどうかが大切である。しかも突然15秒や30秒という短い時間内で話をされるので、言われたことを何個も覚えられるものでもない。聞き手の意欲をかき立てるものであり、かつ1分に満たない時間内に覚えてもらえるものなど、せいぜいひとつである。ひとつでも難しいと考えるべきだ。

学術的にも複数の内容を同時に伝えることは逆効果だと言われている。人間は同時に処理できる情報に限界があり、その許容量を超えてしまうと購買意欲が低下してしまうという考えは、すでに海外の学者から提示されている。また、パトリック・スペナー氏とカレン・フリーマン氏の共同論文『To Keep Your Customers, Keep It Simple』では、「商品に愛着を持たせるための最も重要な要素は選択のしやすさだ」と述べられている。人はあれこれと迷うことなく、簡単に、効率的に選択できることに魅力を感じるという。生活者が自信を持って購入へと進む過程において、接触する情報源を最低限に抑える。それにより、生活者の選択決定を素早く簡単にさせることが、商品に愛着を持たせる最善の策だというのだ。さらに心理学者のバリー・シュワルツ氏も、情報の受け手は、情報がありすぎると不安や後悔に襲われてしまい、最終的には商品そのもの、そして買った行為自体に対する満足度を低下させてしまうと論じている。

人間の集中力の持続時間は年々低下しており、現在は8秒と言われている。これは金魚の9秒を下回っているようだ。それだけの短い秒数の間に、伝えたいことを伝えなければならない。ひとつのことを伝えるだけでも難しいことが分かる。8秒は特別な話だとしても、たとえば30秒でスピーチをしてみれば、いかに複数の話をして相手に理解してもらうことが難しいかは分かるはずだ。企業によっては毎朝社員が1分間スピーチや3分間スピーチといったものを実施しているところもあるだろう。しかし30秒スピーチや15秒スピーチ、もしくは5秒スピーチ（動画サイトのスキップまでの秒数）をしているところはないのではないか。15秒で結論から話すことを学生に強いている大学教授がいると聞いたことがあるが、そんなケースは稀だろう。こうした秒数でスピーチするのは、短すぎて話す方も聞く方も難しい。

しかし広告では、媒体がテレビCMだろうが、ウェブ動画であろうが、雑誌、新聞、看板、検索連動、キュレーションだろうが、短い秒数で相手の心に訴えなければならない。多くの広告予算を持ち、広告の施策によって伝える内容を分けていくのなら複数のことが伝えられるかもしれないが、ひとつの施策内で言えることはひとつであることが感覚的にも理解できるはずだ。広告で重要な部分を占めるデザイン（design）という言葉の語源は、デ（de：削る）と、ザイン（sign：形作る）である。これはラテン語で「ノイズを削り落とし、本質を磨き上げること」を意味する。伝えても仕方のないノイズを削ぎ落とし、本当に伝えるべき1点を見つけ出すことが大切である。

たとえば「おいしい」という1点を伝えるとしても、ただ「おいしい」と言えば伝わるわけではない。「なぜおいしいのか」「たとえばどうおいしいのか」こうした理由や背景、そして事例を含んだ内容でなければ、相手に納得してもらえる情報にはならない。メッセージは「主張」「事例」「理由・背景」がワンセットになって初めて伝わる内容になる。

これは「ロジック」と同じ考え方である。また大学受験の英語と同じである。ひとつのパッセージには筆者が伝えたい主張、その事例、主張を支える背景の3つが含まれている。主張を支える背景があまりにも常識的である場合は省略されるが、ローコンテクストの英語圏（特にアメリカ）では、ロジックがベースとなって言語が成り立っている。たとえば「今日は暑い」という主張があり、「気温は35℃を超えている」という事例、そして現在の日本人にとっては当たり前だから伝える必要のない「日本では35℃を超える日は珍しい」という背景。こうした3点が揃うと、感情は別としても、全く前提を知らない相手にも納得してもらえる内容となる。広告はどれだけ「生活者と双方向の時代」と言われていても、企業の主張を直接会ったことのない人に伝えていきたいものであるということは変わっていない。日本はハイコンテクストの文化圏だと言われるが、同じ国に住んでいたとしても、企業側にしてみれば当たり前のことも、相手は知らない可能性がある。置かれている状況、前提が違うのだから、企業が勝手に思っている魅力を言い放っても伝わらない。伝わる内容へと仕立て上げなければならない。

この考え方は、たとえば飲み屋で話す様な雑学でも同じだ。「これはこうなんですよ」とだけ伝えるのではなく、「それは実はこうだからこうなんです」と理由をつけて話す方が人の印象に残る。人気のテレビ番組でも、ただ事象を伝えるだけでなく、なぜ起こったのかという背景まで伝えている。またビジネスの場面では、「なぜ」この結論に至ったのかを知りたい上司は多いはずだ。人は主張だけでなく理由やそこに至った背景を知りたい。またその主張がイメージできない場合は具体的な事例を知りたいものだ。学生の就職活動の自己PRも似ている。「コミュニケーション能力がある」「リーダーシップがある」「協調性がある」と魅力をたくさん言われても、ほかの学生にも同じことを言われているので、なぜこの学生が自社の必要とする学生なのか面接官は納得できない。どうしてコミュニケーション能力があるのか、たとえばどんな形で発揮されてきたのか、といった理由・背景、事例がなければ納得することができないのだ。

この様にたとえひとつのことを伝えるのでも、言えばいいというものでもない。ひとつのことを伝えるだけでも難しいものなのである。伝えることがひとつで精一杯なのだから、広告で解決できることはひとつだと考えるべきなのである。「二兎を追う者は一兎をも得ず」を心得る。だから社内でどれだけ立場の上の人からであっても、あれもこれも広告で言ってくれという要望を簡単には受け入れるわけにはいかない。相手の意見は尊重するが、たとえば立場が上の人物なら採用の面接官をやった経験はあるだろうから、先述の話をしてみても良いかもしれないし、30秒スピーチの話でもしてみて、いかに複数のことを伝えることが困難かということを伝えなければならない。その上でどうしてもふたつ、3つと複数伝えたいことがあるのなら、広告施策ごとに伝えたいことを分けるか、中長期的な時間軸を作って伝える順番をつけるか、もしくは複数の魅力を合算した「新しいひとつの魅力」を作り出すかといったことを検討した方が良い。単純にひとつの広告施策の中に複数の伝えたいことを詰め込んでも、馬耳東風。聞き流されて終わってしまうだけである。

必ずしも新しいことが良いわけではない

商品がころころ変わることはそれほど多く見られないが、広告はころころ変わることがある。毎年起用タレントを変える広告もあれば、伝えるメッセージを毎年変えているものもある。おそらく前年に実施した広告では目標の売上が達成されていなかったり、商品の訴求ポイントが昨年から変更されたりしたためなのだろう。ただ、同じ商品の広告にも関わらず、毎年広告が新しいものに変えられるというのはもったいない。広告とは効率だ。効率よく売りたいから広告が存在するわけであり、本当ならたった一言のキャッチコピーを聞いただけで商品を買いたくなり、それを継続的に続けていくことで売れ続けることを目指したいわけである。その様な素晴らしいキャッチコピーを追い求めろというわけではないが、効率は必ず意識しなければならない。そうした時に毎年、もしくは毎キャンペーンごとに広告が新しく塗り替えられることは果たして効率的だろうか。訴求ポイントが変わる、起用タレントが変わる。生活者の忙しい毎日の中で大して気にすることもないいちブランドが、ころころその姿を変えていることに気を留めてくれるだろうか。

社内から新しいことをやってくれと言われることもあるだろうし、流通を介して商品を販売する企業であれば、流通対策として新しいことが求められるかもしれない。もしくは新しい担当者に変更になったため、新しいことにチャレンジしたいのかもしれない。新しいことは決して悪ではないが、ただ単に新しいことを選択するべきではない。広告とは資産でもある。今年実施した広告は、今年だけ企業やその商品に返ってくるものではない。実施した広告によって大小はあるが、来年以降も企業や商品にリターンを与えてくれる無形資産だと言える。当然減価償却はあるだろうが、資産の活用は検討するべきである。その資産に目を向けずに、とにかく新しいことをやろうとするのは早計である。

仮に新しいことをやるにしても、本当にそれは新しいと言えるだけ新しいのかという疑問もある。新しいというよりも過去から多少変えただけのことであり、その商品にだけ当てはまる「新しい」であり、社会的に見ても情報の受け手から見ても大して新しいことではないのではないか。そうしたつまらない「改良」にすぎないことを、あたかも新しいことだとして推し進めても、生活者に振り向いてもらえることはなく、ただ社内外の関係者の無駄な時間を奪うだけである。もし新しいことをするのなら、とびっきりの新しさを求めなければならない。しかし、新しいことをするのは、とても困難であると思わなければならない。社会に大きな影響を与えるようなこと、人々の生活を180度変えてしまうようなこと、今までなかった未来を実現するようなこと。それが新しいことである。また新しいことをやるのは過去との決別である。全部ではないにせよ、過去やってきたことを否定する部分があるから新しいことに取り組むわけである。過去やってきたことのなにが悪かったのか、また自分が今やろうとしている「新しい」ことは過去には考えつかなかったのか、考えていたとしたらなぜやらなかったのか。そうした点まで考え抜かずに、ただただ安易に「新しい」ことをやろうとするのは、手を抜いていると思われても仕方ない。

新しいことをするよりも、継続することの方が難しい。誰が見ても100%正しいと言えるものなどほとんどない中で、今やっていることを正として続けるのには勇気がいる。広告の継続案を社内に提出すれば「変わってないね」「新しさがないな」といった言葉を投げられるかもしれない。そうした否定される恐れから逃れるためだけに、「新しい」ことにすぐに飛びついてはいけない。「新しい」ことをやろうとしていると一見良く見えるが、新しいことばかり追い続けていても大成する可能性は高くない。世界で活躍しているプロのスポーツ選手に継続の大切さを話す人は多い。スポーツ選手だけでなく成功者の多くは、継続の大切さを説く。強い広告も継続しているものだ。バリエーションの違いは存在するが、同じフレームの中でブレずに一貫して同じメッセージを届けている。毎年毎年言うことが変わる人物は信用し難い。一方、一貫して同じスタンスで、言っていることが変わらない人物には信頼が置きやすいということに似ている。

止めるのは簡単。しかし継続して、育てていく。ロングセラーブランドは開発した人も偉いが、その人がずっと担当しているわけではない。後を引き継いで育てた人がいる。会社も同じ。長く続く企業の創業者も偉いが、第2の創業者、第3の創業者と呼ばれる後継者がいるはずである。継続するということはただ惰性で続けることではない。今の資産を活かし、さらに育て上げることである。ゼロから作るのも難しいが、この育てるということも非常に難しい。広告も同じである。新しい広告を実施することだけが素晴らしいわけではない。今の広告を継続して、さらに育て上げ大きくしていくこと。これも非常に大切である。それをしなければ、人々の記憶には強く残らない。「石の上にも3年」ということわざが今も残るくらい、長く続けることは大切である。1回のキャンペーンで終わるような広告、1年で終わるような広告は人々の記憶に残ってはいない。とびきり素晴らしい広告でなくても、長く続けている広告は人々の記憶に残っている。世界大手の飲料メーカーも、広告の継続が大切だと考えている。毎回広告をゼロから作り続けるのは効率が悪いだけでなく、生活者はその変化についていけないと考えているのだ。

なにも変えずに継続せよということではない。名店の変わらない味は、少しずつ変わっている。生活者の味覚が変わってきているから、それに合わせて、たとえば塩分を少しずつ足していたりする。これは新しくしているというよりも、常に鮮度を保っていると考えられる。ブランドの鮮度。仮に何十年も前に誕生したロングセラーブランドであっても、ホコリがかぶってしまわないように気を配り、若い世代に「自分たちのブランドである」と思ってもらい、昔から知っていただいているお客様にも「今も新鮮」と思ってもらう。これも広告の役目である。新しいことは悪くはないが、大切なのは新しいことではなく、ブランドの鮮度を保つこと。いつまでもどの世代にとっても新鮮なブランドであり続けることを重要視しなければならない。だから社内の担当者が新しく変わった、営業上の都合で新しいものが必要だ、広告代理店のクリエイターが変わったなどといった理由で安易に「新しい」を選んではいけない。新しいことが大切なのではない。ブランドの鮮度を保ち続けることが大切なのである。ただ、最後に付け加えたいのは、もし世界が驚くほどの新しいアイデアがあるならば、やるべきだ。

創造はいらない。想像すること

私たちはクリエイターではない。無から有を生み出すアーティストではない。企業のマーケティング活動の推進者であり、ブランドの持つ課題を解決することが任務である。そうした役割を持つ私たちがやらなければならないことは、創造することではない。広告物を作ることはタスクではあるが、それよりもブランドを伝えたい相手を想像し、なにに困っているのか、もしくはまだ本人は気づいていないけれど、どんな生活を提案すればより良い暮らしを提供できるだろうかと考えることの方が重要である。また作っている広告は、ターゲットの琴線に触れることはできるのか、どういう状況で接してもらえれば、どういう伝え方であれば、より受け入れてもらえるか。こうした想像をすることが大切なのである。広告はアートと違って、分かる人だけに分かってもらえればよい、というものではない。自己表現ではないのだ。ブランドを伝えるべき相手がいて、その相手にしっかりとブランドを受け入れてもらわなければならない。だからこそ、創造にこだわるのではなく、ターゲットを想像しなければならない。もちろん、ただ想像するだけでは考えが独りよがりになることもあるだろうから、生活者のことを知る努力を怠ってはいけない。

家庭訪問、グループインタビューといった市場調査だけでなく、SNSでどの様なことが投稿されているのか、どういう検索ワードが近頃増えてきているのか、前回のテレビCMは動画サイトで何秒のところで離脱されているのか。そうした生活者に関するデータを揃えることも大切である。そうすれば自分の勝手なイメージではなく、事実として社内外の関係者に伝えることができる。伝える相手のことを一番理解していれば、社内外の関係者を良い方向へ導くこともできる。そして結果的に、広告の目的を達成することができる。

作るのは新しい広告ではなく、新しい顧客

数々の著名なクリエイターと話をしていると、彼らに共通するのは「誰もやっていないことをしよう」とする姿勢である。他人が簡単にはできないこと、難しいと思うことはなんだろうか、あり得ないことはなんだろうか、という思考を持ち、クリエイティブに臨んでいる。ほかの人と同じ様にやったらおもしろくないと考えて、他人がやったことのあるもの、過去に見たことがあるものを避け、常に新しいものを追い求める。だからこそ彼らは常に新しい表現、ほかの人がやっていない表現に挑戦する。広告を作る場合でいえば、新しい広告表現に挑戦するわけだ。こうした才能ある人材と広告を作り上げるのは素晴らしいことだが、広告主である私たちは新しい広告だけを意識していてはいけない。私たちがやるべきは新しい広告を作ることではなく、広告を実施することにより、新しい顧客を作り出すことである。広告を実施する前には存在しなかった顧客を作り、その顧客にその後も買い続けてもらうことが、広告主の広告を担当する者の役割である。表現は、表現のプロに任せておけばよい。

そのために必要なのは、自社の商品が、どの様な顧客と、どんな新しい関係性を作るこ

とができるのかを考えることだ。自社の商品の特徴と「商品らしさ」を捉え、それを必要としてくれる生活者は誰なのかを考える。この両者の間にどんな新しい関係性ができればよいか。この関係性の構築を広告が担うのだ。

だからこそ私たちがこだわるべきは、新しい表現ではなく、新しい課題である。商品の課題、そして生活者を取り巻く課題である。この課題の見つけ方が、実施する企画を大きく左右する。広告は結果に過ぎない。なぜ広告を実施するのか、その出発点における課題の発見の仕方、明確化がすべてといっても過言ではないだろう。広告は課題解決であるが、課題解決で大切なのはその解決すべき課題の発見。解決することよりも、どういう問いを立てるかの方がはるかに大切である。「ビッグアイデア」という言葉があるが、ビッグアイデアは解決である。それよりも前に課題、言うなれば「ビッグチャレンジ」が先に来なければならない。なぜなら課題次第でソリューションが変わってくるからだ。課題が小さければ、解決策である広告も小さいものになるかもしれないし、課題が新しければ広告も新しいものになる。社会全体に通じる課題であれば、広告も勝手に社会全体へと広がっていく。表面的な問題ばかりに目を向けて、その対処として広告を実施すべきではないのだ。

ただ、顧客の課題を発見するためには、自社商品の特徴・らしさを必要としてくれる生活者の声を素直に受け止めるだけでは足りない。お客様は神様ではない。たとえボスであったとしても、ゴッドではない。彼らも常に100％正しい存在ではない。間違うこともあるし、気づいていないこともある。彼らの声を聞いて、それを素直に受けて応えているだけでは、いつまでたっても、すでに見えている課題を解決しようとしているだけである。彼らがすでに知っている課題を解決するだけでは期待値通りであり、1回は買ってもらえるかもしれないが、次も買おうという満足までは生まれない。新しい顧客を作り、その後も買い続けてもらうには、お客様を中心に考えながらも、彼らが気づいていない課題を見つけようとし続けないといけない。

調査で知ることができるのは、常に過去のことである。今朝のこと、昨日のこと、過去1週間のこと、過去3ヶ月のこと、過去1年間のこと。どんな調査でもソーシャルリスニングでも、こうした過去の情報しか集めることはできない。そこに未来の情報は入っていない。しかし商品を購入してもらうのは、未来である。明日かもしれないし、商品を発売する数ヶ月後もしくは1年後なのかもしれない。過去を知らなければ新しいことはできないが、過去の情報がすべてではないことは分かるはずだ。だからこそ彼らの声を聞いて、それに応えているだけでは新しい顧客を作ることはできない。社内の商品開発担当（マーケティング担当）者から調査結果を突きつけられ、広告で訴求したいことを言われるかもしれないが、それを鵜呑みにしてはいけない。その調査結果から生活者の真の課題はなにかを考え、自社商品との新しい関係性を導きだすことが広告を担当する者の役割である。

広告の適正価格を知ろうとしなければならない

テレビＣＭを制作するには、少なくとも何千万円もの費用が必要になる。企画によりけりではあるが、１００万円単位で収まるということはまず聞いたことがない。一方でアマチュアが、動画投稿サイトでプロ顔負けの動画コンテンツを自分で制作し投稿している。おそらくかかっていたとしても数万円程度で制作されているにも関わらず、クオリティは世界を代表する企業がオンエアするテレビＣＭと遜色ない。クオリティの高いものを作るためには、高い費用が必要だとは一概に言えないのだ。しかし広告業界には、広告を作るためには高い費用がかかるという「常識」が存在している。高い費用が適正価格なら問題ないが、はたして適正価格なのか。そこを支払う側が理解していないことがなによりの問題である。

広告主による不当な高額の支払いは広告業界を駄目にするだけである。日本人が外国に行って、タクシー運転手に簡単にぼったくられるというのはよく聞く話だが、日本人はカモにされ、メーターの表示もなく、現地人の支払う価格の10倍以上、少なくても3、4倍の値段を支払わされる。支払う側も「分からないからいいや」「面倒くさいからいいや」「日本より安いからいいや」という形で、適正価格を知ろうともせずに支払いを済ませる。そうするとぼったくりのタクシー運転手は、次に来る日本人にまた同じような価格を突きつけるという悪循環が起こる。これによりタクシー運転手の質が上がり、業界全体の質が向上するのならまだ良いのかもしれないが、まずそんなことは考えられない。こうした結果、なにが起こったかと言えば、タクシー配車アプリの誕生である。これは2015年の代表的なイノベーションと言われている。全世界にこのアプリがあるわけではないので、すぐにというわけではないが緩やかに世界のぼったくりのタクシー運転手（業界）は滅亡に向かうだろう。

適正価格のない、あるいは不明の業界には、価格破壊を引き起こすプレイヤーか業界の前提をくつがえす様なプレイヤーが誕生してくる。アパレル業界や証券業界はその例だろう。特にインターネットの誕生により、これまで業界にいなかった第3者が外からやってきて、価格破壊を起こしている事例は多い。こうしたことを広告主が気にする必要はないのかもしれないが、ただ、広告の制作費や媒体費が本当に適切な価格だと理解して広告主が支払いをしているかどうかは、業界の存続にもつながりかねない大きな問題である。

広告を作るには多くの人が関わるだけでなく、様々な機材、複雑な作業が必要になってくる。広告主には見えない作業も多々あるだろうから、本当になににいくら必要なのかを把握することは簡単ではない。しかし撮影現場に行けば使われているカメラやライトは分かるし、編集に立ち会えば編集の機材、人数、かかった時間も具体的に把握することは可能である。各作業に携わる人の専門性がどのくらい高いのかという視点で見ていけば、時間単価の感覚も養うことができる。こうした努力を怠らなければ、制作原価を知ることはできるはずだ。もちろん俳優やアイドルといったタレント、そしてカメラマン、ディレクターなど、この人でしかこの表現を実現することができないという破格の人材はいる。ただ、こうした人材においても、彼らを起用したほかの広告主に支払額を聞いてみればよい。その額が適正かどうかは分からないが、少なくとも広告代理店から出てくる見積もりに記載されている額をそのまま受け入れるよりは、納得感は増すだろう。

適正価格を知ろうとする目的は、値引きを要求することでも価格破壊を起こして業界全体にデフレを起こすことでもない。大切なのは、限られた資金を、素晴らしい企画をひとつでも多く世の中に実現させることに使い、それによりブランドを育て、広告主も広告業界も成長していくことである。そのためには、金額を請求する広告代理店や制作会社ではなく、お金を支払う側が賢くならなければならない。広告主がクリエイティブのレベルとそれに見合った価格の感覚を育てなければならない。おそらく不当に安かった広告も過去にあったはずである。進行途中に企画が見直されてより良い企画になったにも関わらず、広告主の予算は予め提示している額しかないため、当初の予算で予算を超える広告を作らなければならなかった例は少なくないだろう。こうしたことを「当然」と捉えることも誤りである。常にクリエイティブのレベルとそれに対する適正価格を支払うこと。毎回どちらかがツケを残すような関係では、お互いを高め合うことは難しい。

広告代理店と話をしているだけでは、適正価格を知ることは難しいだろう。ほかの広告主に話を聞いていても、「なぜこの価格なのか」と広告代理店に質問をして明快に回答されたことはほとんどないと言う。「そういうものだ」「これくらいかかるものだ」といった返答で、価格の妥当性を十分に説明されることはない。ただ、決して彼らが「意地悪」で価格の説明を言いたくないわけではない。おそらく知らないのだろう。クリエイティブの値づけを正確に把握できている人材がそもそも少ないのだ。広告業界を代表する人物に「この業界にはクリエイティブとお金の両方を分かる人材が少ない」と以前言われたことがある。「だからこそ自分の財布からお金を払う感覚で、クリエイティブにかかる費用ひとつひとつを見るべきだ」とも教えられた。

もし自分が2000万円、3000万円もする高級車を購入するとしたら、ほかのいろいろな車種と比較するだろうし、カタログもしっかり読むだろうし、ディーラーの話も聞いて、試乗もするだろう。無駄なオプションは省いて、本当に納得した上で購買を決定する。この高級車と同等もしくはそれ以上の支払いをする広告も基本的には変わらないはずである。違いは会社のお金か、自分のお金かだけである。会社のお金だからといって甘く見過ごしているうちは、本当ならもうひとつ実施できたかもしれない広告を捨ててしまっているのである。

適正価格を知るためには、自分で見積もりを作ってみるのが一番良い。これはたとえば旅行のプランを計画するのとそれほど変わらないだろう。どこかに行って泊まって帰ってくるまでに、どんなことが発生するのか、なににいくらの支払いが必要になるのか。旅行で必要な金額はそうやって算出できるはずだ。同様に、作ろうとしている広告にはなにが、誰が必要で、それはそれぞれいくらかかるものなのか、そして関係者の利益はいくら加えればよいかを考える。もちろん最初から正確な金額が算出できるわけではないが、仮に広告代理店が存在しなかったとしたら自社で金額を算出しないといけないわけだから、やってみるとよい。その上で、自分で算出した金額と広告代理店から提出された見積もりに大きな違いがあれば、なぜなのかを考えればよい。自分の算出が甘かったのか、もしくは不当な価格を突きつけられているのか。すぐに把握できないものではあるが、広告代理店の言いなりではなく、自ら手を動かすことで、このレベルのクリエイティブを作るにはこれくらいの金額が必要になってくるんだという肌感覚を養える。

実際私が広告主の立場になるまで、自分の提案する企画の値づけは自分でやっていた。この案件に対して自分の企画フィーはいくらか、自分のコピーはいくらか、デザイナーやディレクター、カメラマンは誰にいくらでどの様なものを依頼するか、美術はどの様なものをいくらで用意するか、スタジオはどの大きさでいくらで何時間借りるか、スタイリストとヘアメイクは指名できるなら誰にするか、衣装はどのレベルのブランドをどのくらい用意しないといけないか、メインの企画以外にそのほかのクリエイティブはどの様なものを誰といくらで何本作るか。こうした原価をひとつずつ計算し、その合算に会社で決められている一定の利益率を加えて、日本を代表するクライアントに直接提案していた。企画を実施してから必要な金額が自分の見積もり額より高くなることは当然許されなかったので、クリエイティブ案を考えるのと同じくらい必要な金額を算出することは重要で、かつパワーのかかるものだった。しかしこの時の経験は、当然広告主の立場になって活きている。たとえばグラフィックの撮影ひとつとっても、このカット数でこんなにカメラやライトが必要だろうか、この大きさのスタジオはこんなに高かったか、レタッチもこんなに時間が必要になるかといったことに目がいく。そうすれば「もう少し安くしてもらえませんか」ではなく、具体的にこれとこれはいらないといった依頼ができる。それにより払わずに済んだお金で、もうひとつの企画を実施することができるかもしれない。

「この企画をやりたければこの金額でなければできません」という提案側の主張も、「もともと提示していた予算しかないので、この金額しか払えません」という支払う側の主張も、お互いの成長にはつながらない。クリエイティブの質に合った適正価格がお互いに分からないのであれば、いずれそこに目をつけた第3者が価格破壊をもたらすだろう。価格破壊が起これば優秀な人材は広告業界から去り、広告クリエイティブ全体のレベルが落ちる。そうした時にはもう手遅れである。敵はいつも後ろからやってくる。業界の外からやってきたプレイヤーに価格破壊をもたらされた業界を、簡単に思いつくことができるはずだ。こうしたことを考えても、価格について広告主も広告代理店も真剣に考えなければならない。特に支払う側が、会社の財布だからといって丼勘定でいてはいけない。自分の財布からお金を支払う感覚を持ち、クリエイティブの適正な価格を知ろうとすることが必要である。

広告の効果の証明をあきらめない

売上が良い時は営業や商品が褒められるが、売れなくなると途端に広告が悪者になる。どの広告主も経験していることだと思う。社内の会議で「この広告でどれだけ売れるのか」といったことを言われた人もいるかもしれない。一方、広告に携わる側としては「広告は短期的な売上にはつながらない。中長期的なリターンがあるものだ」といった返答をしてしまっている。「ブランディングのためだ」という返答もあるかもしれない。ただ、そんな曖昧な言葉で応答してはいけない。広告は多額のマーケティング投資をしているわけであり、上場企業なら、投資に対するリターンの説明を、経営層はもちろん、株主に求められる可能性がある。それができるだけの広告効果の証明が必要だ。

実施した広告の事後調査でなにかのイメージが上がりましたといったレベルでは、経営層や株主に「それがどうしたのだ」と言われてしまうだろう。彼らが納得できるレベルの広告効果の証明に本気で取り組む必要がある。この点を怠るから、広告に理解のない会社の場合、極端に広告宣伝部の立場が弱くなってしまう。また、たとえ広告に理解のある企業であっても、ＲＯＩの求められる現代においては、苦しい立場になってきているのは事実だ。広告の効果を証明することをあきらめてはいけない。ただ広告代理店から広告効果の証明の方法が自然と提案されることはまず考えられない。広告主が当事者意識を持って、自ら動かなければならない。

そもそもどれだけの広告主が、広告の効果を本気で測ろうとしているのか。多くの広告主の話を聞いていると、広告宣伝部だけの、もしくはマーケティング関係者だけの、振り返り資料レベルの広告効果の証明に留まっていないだろうか。昔は技術的な側面から効果を測定することが難しかった。しかしデジタル技術がここまで発達してきた今、効果を測定し、経営層に納得してもらうだけの情報を提供できる環境は揃いつつある。今こそ広告効果の証明に取りかかるべき時である。これについては、第4章で具体的に見ていくことにする。

Chapter

3

これまでの行動を変える

商品のイノベーションから脱却する

21世紀に入ってどのくらいのイノベーティブな商品に出会うことができただろうか。特にBtoCの分野において言えば、近年ではハイブリッドカー、スマートフォンが代表的なイノベーションだと考えられるだろう。ごく最近の話では、ウェアラブルやタクシー配車アプリといったものも挙げられるかもしれない。ただ日々世界中でいくつもの商品が発売されているにも関わらず、イノベーティブな商品を10個も20個も簡単には挙げられない。それだけイノベーションを起こすことは難しい。先の例に挙げた様なスマートフォンやウェアラブルといった技術革新をベースにしたイノベーションですら生み出すことが難しいのだから、そもそも業種的に技術革新があまりない場合はなおさらである。

しかしどんな業種であれ、企業の持続可能な成長のためにはイノベーションが求められている。たとえ技術革新があまり起こらない飲料や食品、消費財といった業種においても、イノベーションを生まなければ企業は緩やかに衰退へと向かってしまう。企業がイノベーションを起こすような商品を開発できるならそれに越したことはないが、その様なイノベーティブな商品を開発するには時間とお金を要する。特に近年の経済環境から企業は短期的な利益を求められる中、多額の投資の認可は簡単には下りず、日本においておいそれと投資できる企業はそれほど存在しないだろう。当然短期的なリターンの説明は求められるだろうし、当分の間赤字でも良いと言ってくれる企業も少なくなってきている。仮に大きな投資をしてしまったとしても、その商品がヒットする保証もない。そのため多くの企業が「今ない」商品を世に出すことに及び腰になってしまう。結果、他社で「成功」している商品をより安く、より軽く、より使いやすく、より△△にといった改良を施した「パクリ」に手をつけてしまっている。

こうした企業の現状に対して、広告は大きく貢献できる存在であると提案したい。たとえ商品に大きな変化が起こっていなかったとしても、広告によってその商品をイノベーティブな存在にすることができる可能性を持っていると考えているのだ。もちろん商品のイノベーションにはチャレンジし続けなければならないが、毎年生まれるものでもない。5年に1度かもしれないし、10年に1度かもしれない。もしかしたら永遠に実現できないかもしれない。しかしイノベーティブな商品が生まれなくとも、日々の稼ぎは必要である。しかもその稼ぎは企業風土にもよるが、たいていの企業では前年よりその目標値は毎年毎年上げられていくだろう。その様な環境下で、広告でイノベーションを起こすことで、商品の売上を上げていこうということだ。そもそもマーケティングは4Pと言われている。商品は、その4つのPのうちのひとつである。商品だけにイノベーションを背負わせる必要はない。4Pの一翼である「Promotion」を担う広告で、イノベーションを起こすのだ。

広告によるイノベーションとはいったいどの様なものなのか。カリフォルニア大学バークレー校ハース・ビジネススクール名誉教授であるデービッド・アレン・アーカー氏は、その著書『ブランド論 無形の差別化をつくる20の基本原則（阿久津聡訳）』にて、「新しいサブカテゴリーを作り出す」必要性を説いている。彼は2014年に日本で初めて開催された「ワールドマーケティングサミットジャパン2014」においても、この新しいサブカテゴリーを作り出すという考え方がイノベーションを生むヒントになることを示唆している。サブカテゴリーとは、大きなカテゴリーの下に属するカテゴリー。たとえば車というカテゴリーなら、エコカーはサブカテゴリーにあたる。そしてたとえば「エコカーと言えばプリウス」という様な状況を作り出すことが重要だと言うのだ。携帯電話というカテゴリーの下に、スマートフォンというサブカテゴリーを作り、「スマートフォンと言えばアイフォン」という状況を作る。ビールというカテゴリーの下にドライビールというサブカテゴリーを作り、「ドライビールと言えばアサヒスーパードライ」というふうにするということだ。

アーカー氏の提唱する「新しいサブカテゴリー」を、広告によるイノベーションに応用したいと考えている。この「新しいサブカテゴリー」はなにも、新しい商品を本当に作り出さなくても実現できる。「○○と言えば、このブランド」という状況を新しく作り出すことができればよいのだ。競合商品が検討の土台に上がらない様な自社商品の存在理由を、他社に先駆けて提示できれば良い。ハイブリッドカーもスマートフォンも今や世界中から多くのブランドが販売されている。しかし今だにそのサブカテゴリーにおいて代名詞となっているのは、最初に想起されるブランドである。これらは新しい商品の発売と同時に新しいサブカテゴリーを生んだわけだが、商品はそのままに、その商品を新しいサブカテゴリーに配置することで「○○と言えば、このブランド」という状況を実現することができる。自社の商品の特徴を踏まえつつ、競合商品を意識して、どんな○○であれば、自社のブランドを一番に想起してもらえるかを検討すればよいのだ。

そのためには、なぜこの商品が存在しているのかを見つめ直す必要がある。商品の「why to be」を明確にし、商品がどんな生活者にとって役に立つのかを見いだすことが、広告によるイノベーションを生むことにつながる。大切なのは先に顧客を見るのではなく、先に自社の商品を見つめること。顧客の満足度を上げることを意識してしまえば、他社に似たことしか思いつくことはできない。それではコモディティになるだけである。大切なのは自社の商品を見つめ、他社にはない差異を見つけたり、作り出したりすることだ。同じ商品であっても新しい意味づけをすることで全く別の商品に生まれ変わることができる。

「○○と言えば」というサブカテゴリーはそれほど難しく考えなくてもよい。たとえばお酒というカテゴリーの中で「2杯目のお酒と言えば」というサブカテゴリーを作ってみる、アプリというカテゴリーの中で「風呂上がりのアプリ」というサブカテゴリーを作る、缶コーヒーというカテゴリーの中で「夜専用の缶コーヒー」というサブカテゴリーを作る、という様な考え方で良い。そのためには商品の差異が必要なのだ。広告によるイノベーションは、まさにこの差異を作り出すことだ。ただブランディングと異なる点は、差異が単なるイメージの違いではないことである。具体的な事実として差異を作り出し、さらにその差異を求めてくれる顧客を定め、「〇〇と言えばこの商品だ」と提案するところまでのすべてを、広告によるイノベーションだとしている。

本当なら、その商品でしか言えないサブカテゴリーを探すことが最も良いのだが、これだけ多くの商品が生まれている現在において、その解を見つけ出すことは決して容易ではない。だから私はこう考える。もしかしたら他社の商品にも言える可能性はあるが、誰よりも先に宣言し、そして言い続けることで十分にチャンスはある。ブランド化されたイノベーションは真似することができない。他社が手がけたところで二番煎じになるだけである。ただ少し矛盾した言い方になるが、決してパイオニアである必要はない。事実上〇〇のパイオニアであることよりも、大切なのは「〇〇と言えばこのブランド」だと生活者に最初に想起されることである。そうすれば生活者はそのブランドを買う必要性を感じてくれる。彼らの日常生活に必要な存在として受け入れてくれる。

イノベーションは商品だけに頼る必要はない。新商品を開発するための工場立ち上げ、ライン増設といった設備投資に比べれば、広告のマーケティング投資は1桁か2桁くらい小額で済む。また有形ではないため在庫リスクもなく、保管料も必要ない。そう考えれば、プロダクトとは一線を画したところでイノベーションを起こすことの有効性はイメージしやすいだろう。広告によるイノベーションを起こす時の「広告」とは、決して広く告げるだけの存在ではない。もはや広告は単なるマスへの周知といった、マーケティング活動の「一部」ではなくなり、むしろイノベーションをもたらしてくれる、企業経営にとって欠かせない重要な存在なのである。

広告とは新しい価値の提案である

「○○と言えばこのブランド」と想起してもらう時の「○○」をなににするか、これこそ広告宣伝・PRを担当する者の腕の見せ所である。生活者が大して興味を持てない○○だと意味をなさないし、仮に興味深い○○だったとしてもその商品らしさ、特徴を捉えたものでなければ簡単に他社に取って代わられてしまう可能性がある。私はこの○○は、ブランドから生活者に対する新しい提案だと捉えている。

そもそも広告とは生活者への新しい価値の提案である。「あなたの暮らしをより良くするこんな商品、こんなサービスがありますよ」ということを伝える役割を担っており、単に「新商品が出た！」と伝えるものではなく、「だから、こんな良いことがありますよ」というところまで伝えるものである。まるで商品を売るというよりも、商品を手にしたことで得られる後味を先に売る様なものだ。

新しい価値の提案とは、競合商品との表面的な違いを言うものではない。どれだけ商品のコモディティ化が進んだとしても成立する様な、人間の根源的な欲求、問題に応えるものである。表面的な違いを作る差別化とは異なるのだ。日本企業のほとんどが差別化戦略という名の下に、生活者の暮らしに影響しない様な小さな差を作っては売るということを繰り返してしまっているが、その様な表面的な違いを言うのではない。「あなたの暮らしをこんなふうに良くする◯◯がありますよ」と、友達に教えてあげたくなる様な◯◯を見いだすことを意識しなければならない。結果として、それが商品を生活者の生活における実りある存在にする。

どうすれば広告が生活者の日常にうまく入り込んで、新しい価値を提案できるのか。新しい価値を提案し、広告によるイノベーションを実現した例は、実は江戸時代から存在している。土用の丑の日である。現在でも存在しているこの言葉は、200年以上も前に作り出された、広告によるイノベーションである。起源にはいろいろな説があるが、最も有力な説としては江戸時代の蘭学者である平賀源内氏が、知人のうなぎ屋が夏にうなぎが売れずに困っていることを相談され、「本日、土用の丑の日」という張り紙を店頭に張ったことにより、そのお店が大繁盛になったという話だ。

この話を、商品と生活者、そして広告によるイノベーションという3つの観点で捉え直してみたい。商品はうなぎである。うなぎの特徴としては、非常に栄養豊富であるということ。ビタミン、ミネラル、カルシウム、脂質、タンパク質など栄養の高い食材であり、健康維持にうってつけである。一方当時の生活者は、（夏の）土用の期間は暑さが厳しい時期で、夏バテしやすかった。そのため夏バテしやすい生活者と栄養豊富なうなぎ（商品）をつなぐことができるのではないかと彼は考えたのだろう。特に夏バテというのは、旬が冬で夏に売れなかったうなぎにとっては、都合の良いキーワードだったはずだ。そして「夏痩せ（夏バテ）に食べるものと言えば、うなぎ」という、広告によるイノベーションを起こしたのだ。当時の風習として、丑の日に「う」から始まる食べ物を食べると夏負けしないという話があったり、奈良時代に歌われた大伴家持氏の「石麻呂に吾れもの申す　夏痩せに　よしといふものぞ　鰻とり食せ」という「夏バテにはうなぎを食べて」といった和歌が万葉集に存在していたりして、夏バテとうなぎをつなぐことのできる下地は揃っていた。それを明確に当時の生活者に新しい価値として提案したのだ。

こうして当時のみならず現代に至るまで、うなぎは土用の丑の日に食されるようになった。この時、商品であるうなぎにはなんの改良もされているわけではないので、あくまで広告によるイノベーションだけで売ったということになる。正直な話、土用がなんなのか、丑の日がなんなのか、今の時代において正確に理解している人はそれほど多くないだろう。それでも「土用の丑の日」とスーパーで書いてあれば、その日はうなぎが売れてしまうのだ。

「本日は、土用の丑の日」というのは広告表現であり、まず目を向けるべきは「夏バテに食べるものと言えば、うなぎ」という広告によるイノベーションを起こしたことだ。もちろん夏バテに良いとされる食べ物はほかにもあるだろう。しかし夏バテに食べるものと言えばと聞かれて一番初めに想起されるものはなんなのかということが大切である。当時は間違いなくうなぎになったのだろうし、今でもうなぎは一番に想起される可能性が高い。かつ夏バテというのが、今なお存在しているくらい、当時はかなりの大きな課題であったのだろう。こうした生活者と商品をつなぐ課題を見つけ、見える形にして生活者に提案することで、広告によるイノベーションを起こすことができる。

この時、特に商品を「触る」必要はない。新たな特許を取得したり、性能をアップさせたりといったことも必要ではない。もちろんそうしたことがあればより良いが、大切なのは商品に対する光の当て方である。どんなロングセラーの商品でも、今まで光の当たっていないところはあるはずだ。まるでルービックキューブを手の中で回す様に、あらゆる角度から商品を見つめて、この商品が「今のままでも」、どの部分に焦点を当てれば新たなお客様とのつながりを作ることができるかをあきらめないで考えることだ。そして生活者がどの様に生活を送っているのかを知ることも怠ってはいけない。商品に光を当てた部分が生活者の暮らしを良くするものでなければ意味をなさないからだ。困っていない生活者はいない。インサイトという難しい言葉ではなく、生活者の満たされない気持ちはなにかを考えること。また生活者の暮らしを良くするからといって、商品から目をそらして、他社の商品でもできる様な社会貢献をする必要はない。商品の特徴と人々が求めていることがしっかりと重なる点があるはずなので、その点を探し出すことで、商品と生活者の関係を作り出すことができるからだ。

「◯◯と言えば、自社の商品」という「◯◯」(うなぎの場合なら、夏バテに効く)が見つかったら、次は◯◯をなんと言うかである。「夏バテに食べるものと言えば、うなぎ」を「土用の丑の日と言えば、うなぎ」としているから、強いのだ。土用の丑の日の様に、◯◯に入る具体的な言葉を考える時には、江戸時代のうなぎ屋と同じ様に、店頭でお店の人が使いたいと思う様なものを考えればよい。難しい表現は不要である。「新そば入荷しました」「冷やし中華はじめました」「生ビール冷えてます」。店頭でずっと使われているこうした言葉は難しい表現ではないが、自然と食べたくなる、飲みたくなるものだ。この様な簡単な言葉を使用する。たとえば「辛いカレーと言えば」を「インド人でも食べられないカレーと言えば」としてみたり、「サッカーの上達に適したサッカーボールと言えば」

を「ブラジルのサッカー選手が子どもの頃から使っているサッカーボールと言えば」としてみたりする。こうすればコンマ1秒でも相手に想像する隙間を与えることができるので、相手が自ら「つまり辛いってことか」「つまりサッカーがうまくなるってことか」という結論を下してくれる。結論というのは、突きつけると反論されるものだ。もちろん仕事の報告は結論から言うべきだが、広告や商談という場では結論は相手が下せる道筋を作ってあげるだけでいい。相手にイメージする隙間を与えてあげることだ。「新そば入荷しました」も「冷やし中華はじめました」も「生ビール冷えてます」も、「だから買ってくれ」という結論は伝えていない。相手に新そばや冷やし中華、よく冷えた生ビールを想像させた結果、「だから買いたい」と思ってもらっているだけである。結論は相手が下す。だからこそ心に残る。読書でもドラマでもなんでも良いが、今も心に残っているコンテンツというのは、ただ受動的に読んだり見たりしたものではなく、そのコンテンツを受けて、ある場面を想像したり、ある誰かを想像したりして「関与」したものであるはずだ。

ただし、いくらイメージさせようとはいっても、相手がイメージできないようなものではいけない。あくまで簡単な言葉で簡単に想像できるものであること。広告は自己表現の場ではないし、アートではない。マーケティング活動である。マーケティング活動である以上、売るための言葉である。つまり一部の表現者だけが分かるようなものではなく、多くの人が分かる言葉を設定しなければならない。

また、この◯◯は新しい価値を提案するものであるため、「新しさ」が必要になってくる。しかし突拍子もない新しいものなど不要である。新しすぎるものは受け入れられない。国家レベルの話を除いて、いち企業レベルの話で新しいものというのは、ありそうでなかったものである。広告においても同じである。そもそも誰も考えつかないような「新しい」ものなど、考えている間に広告を実施しなければならないタイミングを失ってしまう。ありそうでなかったという程度で十分新しいので、それを意識すれば良い。

ありそうでなかったというレベルの新しさなら、「作り方」は存在する。すでに過去の素晴らしいクリエイターたちが実証しているが、新しいものはなにかとなにかの掛け合わせでできる、という「黄金ルール」が存在している。近年の新しいものであるスマートフォンは、「電話」と「パソコン」の掛け合わせである。タクシー配車アプリなら、「タクシー」と「配達」の掛け合わせだろうか。プロダクトだけではなく言葉も同じである。「白い」と「肌」を掛け合わせた「白い肌」は、日本の広告表現としては透き通るようなきれいな肌を表現している。キャリアの作り方も同じである。誰にも作れない専門性は、なにかの専門となにかの専門を掛け合わせればよい。「英語」と「弁護士」で国際弁護士というのはその一例だ。この、「なにかとなにかの掛け合わせ」において、なにを持ってくるか、そして何個掛け合わせるかでオリジナリティが出せる。自分が見たり聞いたり体験したりした過去の記憶を辿り、自分の琴線に触れたいくつもの記憶を掛け合わせれば、今までにない、しかし決して新しすぎず、自分以外の相手にも受け入れられるような「新しさ」を作り出すことができる。ここで大切なのは経験値である。自分の経験値が低いのなら、経験値の高い人を巻き込むしかない。

最後に、〇〇は新しい価値の提案であるが、生活者に提案する以上、その提案したことを守らなければならない。それは社会への約束でもある。その場限り、一時的に、といったものではなく、長期間ブランドが生活者と約束できることを提示すること。「言いっぱなし」「言ったけどやってない」といった口だけの存在ではいけない。また「ああ言っていたのに、気づいたらもう止めていた。今は違うことを言っている、やっている」という様に、ころころ変わるのもいけない。言っていることとやっていることがころころ変わる人間は信用されない。ブランドも同じである。テレビやインターネットなど社会的な場を使って言うのだから、なおさらいい加減な姿勢では駄目である。永遠にとまでは言わないが、ちゃんと約束できることを提案しなければならない。

話題の広告はいらない。広告によるイノベーションで商品を話題にする

生活者に、「○○と言えば、自社の商品」という形で自社商品を第1に想起させるには、商品は広告の中心に置かれていなければならない。しかしいつの間にか、商品を中心に置くということが広告をする上でないがしろにされてきている。どの企業からも似たような商品しか出てこなくなり、商品のコモディティ化が進んできてしまったため、商品の差別化を、イメージだけでなんとか乗り切ろうとしている。テレビCMでもウェブ動画でも、商品の存在は最後の最後まで消し去られ、ちょっとおもしろい、ちょっと楽しい、ちょっと感動するような話が繰り広げられ、最後のほんの一瞬に商品が紹介されて終わる広告だ。これらはたいてい、最後に登場する商品が仮に他社の商品でもなんとなく成立してしまう。

広告はおもしろくてちょっと話題になるかもしれないが、話題の中心は広告であり、商品は忘れ去られている。なんの商品の広告だったかも覚えられていない。

この様な、イメージによって差別化を図る最近の形として挙げられるのが、この数年、世界の広告賞でも取り上げられている「ソーシャルグッド」と呼ばれる種類の広告だろう。社会的な問題、たとえば国家対立や貧困、ジェンダー論といった世界の誰もが抱えている、もしくは理解できる問題を提起し、決してその問題を根本的に解決するわけではないが、生活者に考えるきっかけを与えたり、はっと気づかせたりする広告だ。「作品」として素晴らしいものばかりで、多くの気づきを与えてくれる。ただしこれらの広告により、どこまで生活者の態度変容を引き起こすことができたのかは疑問である。

確かに素晴らしい気づきを与えてくれて、この様なメッセージを発信する商品は良いブランドだと感じる。ただし「良いブランド」止まりであり、これだけでは自分の生活を良くするのに必要な存在にはなれない。かつ、この様な尊いメッセージを発信するばかりに、かえって近寄り難い存在になることもある。いつも正しいことばかり言う人や欠点のない人は、素晴らしい人だと思うが、私には最適な人ではないと感じてしまうのと似ている。事実、世界のメガブランドが長年ソーシャルグッドな広告を展開してきたが、「知的なメッセージを発信すればするほど、気づかぬうちに人々との距離が生まれてしまい、うまくいかなくなった」として、商品を中心に置く広告へシフトするようになっている。

もちろん広告で良いイメージを作るのは悪いことではない。ただし、人々の生活を良くしたり、幸せな暮らしを実現したりするのは商品である。広告ではない。広告で気づきを与えることはできたとしても、この広告があるから暮らしが変わったということはなく、この商品があるから暮らしが変わるのだ。だからこそ、商品を広告から「捨て」てはいけない。広告の中心には、商品を置かなければならない。話題の広告を作るのではない。広告で話題を作るというわけでもない。やるべきは、広告で商品を話題にすることだ。そうしなければその商品はそのカテゴリーにおいて第一想起されることはなく、どれだけ「いい人ぶった」としても、市場から消えてしまう。

住宅や家などをはじめ高額な商品を除いて、人々は商品を「なんとなく」買っていると言われている。特に年間における購入回数が多いような商品カテゴリーほど、購入前から購入する商品を決めている人は少ない。だからといってなんとなく買っているから、なんとなく商品のイメージを良くしようというのは早計だ。なんとなくイメージの良いものもすでに溢れてきている。なんとなくイメージの良いものすら、コモディティ化してきてしまっているのだ。イメージを良くするだけでは人々は動かない。また社会的に良いことをしていても人々は動かない。いつまでたっても「いい人どまり」であり、喉から手が出るほど欲したい存在にはならないのだ。仮に小額の商品であれば1回くらい手にしてもらえるかもしれないが、イメージばかり良くしたことで相手の期待を上げてしまい、結果的に満足を与えられず、リピートをしてもらえないことだってあるだろう。

大切なのは広告で社会奉仕をすることでも、良いイメージを与えることでもなく、商品を生活者にとって必要な存在にすることである。商品を生活上役に立つ存在だと認識してもらい、買うに値する理由を明確にすることだ。商品は、この世で必要だと思ってくれる人がいるから存在することができる。だからこそ明確な購買理由を提案していくのだ。先に述べたディヴィッド・オグルヴィ氏の「Are You The Greatest?」のメモにも、「Do they promise a benefit - which has been tested?（あなたの手がけたすべての広告に効果効能はあるか。またそれを検証しているか）」という内容がある。つまりはただ良いイメージを与えることに終始したり、売らんかなという一方的な訴えをしたりするのではなく、その商品によって生活者をどう良くできるのか、どんな価値を提供できるのかということを伝えることが必要不可欠なのだ。

商品を中心に置くものの、商品そのものを語るわけではない。商品とは、サービスを届けるプラットフォームである。単なるモノではない。経験を提供するものであり、その結果、生活者のなんらかの問題を解決する。だから商品そのものだけを見ていてはいけない。商品が使われる場面を想像し、商品を取り巻く環境も含めて商品だと考える。どんな人に、どんな場面で、どんな経験を提供し、その結果どんなふうにその人の暮らしを良くするのか。こうしたことを整理し、生活者と商品のつながりを作る。そして「○○と言えば、この商品だ」ということを提案することこそ、広告のあるべき姿だ。商品をないがしろにして、すぐに広告表現に飛びつこうとしてはいけない。広告クリエイターたちの中には広告賞ばかり意識して広告表現の競い合いをしている者もいるが、その表現が商品に返ってくるものでなければ、ただゴミを作っているだけである。

そもそもなんの商品の広告をやっているか分からないものは、どれだけ広告表現が素晴らしくても、広告としては使い物にならない。表現の完成度やその作品性などは広告の必要な要素ではない。商品に返ってくる表現であることが必要最低条件である。表現がしたければ、広告ではなく芸術の世界でやれば良い。芸術家としては食べていけない広告クリエイターにだまされてはいけない。この広告が表現としてどうかではなく、この広告が商品を話題にすることができるのかという観点を広告主は見失ってはいけない。

広告によるイノベーションで商品を話題にするのは、決して新商品に限った話ではない。ロングセラー商品においても、広告によるイノベーションを起こすことができる。ロングセラー商品にとって大切なことは、商品に「ホコリ」がかぶらないようにすることだ。年末にお寺がすす払いをして新しい年を迎えるのと同じ様に、商品のホコリを払って新しい顧客を迎えるようにする。常に今の時代のもの、新しい世代にも自分たちのものであると感じてもらう。新しい世代とは決して若年層だけを指すわけではない。その商品にとって新しい世代の顧客を意味する。だからシニア向けの商品であれば、新しくシニアになった方々は新しい世代となるわけだ。ロングセラー商品が商品のライフサイクル上、衰退期にいるからといって、売上の横ばい、もしくは低下を良しとするわけにはいかないだろう。数十年前に発売した商品が、急に売上をV字回復した例も存在する。ロングセラー商品でも「○○と言えば、この商品」だということを新しく提案することで、新しい顧客を作り、売上をさらに伸ばすことは可能なのである。

商品と生活者とのつながりを、長い付き合いに変換する

「○○と言えば、この商品」だと生活者に第一想起してもらい、生活上必要な存在だと認識してもらうことで、商品を手に取ってもらえるようになるわけだが、この段階ではあくまで商品と生活者の出会いを作っただけである。一度出会った「2人」が、これから長い付き合いをしていけるようにすることで、つながりを強固なものにしていく。広告によるイノベーションの第2段階である。

取り組むことは至ってシンプルだ。生活者の声に耳を傾け、彼らが喜ぶことを想像して、

提供していくだけだ。言葉にするとシンプルではあるが、やろうとすると結構大変なことではある。ただし、人と人が関係を築いていく過程を考えれば、ごく当たり前のことだと想像できるはずだ。自分が話したい時に自分の言いたいことだけを話していたり、したいことを相手に要求したりしているだけでは関係を築くことはできない。相手の話を聞いたり、相手が喜ぶことをしたりすることは関係を強くしていくために必要である。商品と生活者の関係作りも基本的にはこれと変わらない。

それにも関わらず、これまでどれだけのブランドが、生活者の話を聞いたり、生活者が喜ぶことをすることに注力してきただろうか。むしろ一方的にブランドがテレビCMを流したい時に言いたいことだけを言ったり、販促キャンペーンをしたい時にだけキャンペーンを実施し生活者に無理やり参加を押し付けたりして来なかっただろうか。商品側の勝手な都合でなにかのキャンペーンを実施する時にだけ顔を出して、言いたいことを言って去っていく。その時だけなにかのイベントを実施したり、参加型のコンテンツを提供したりして無理に参加をしてもらおうとする。時には抽選で何名様に何万円という具合に、お金を使って突然生活者に近づこうとする。もしこれが商品ではなく人の話だったとしたら、どう感じるだろう。年に数回都合の良い時だけ連絡をしてきて、お金を出すからと言われ、特に興味のないことに無理やり付き合わされる。そんな人と次も会いたいと思うだろうか。残念ながらこれと同じことをしてしまっているのが、ほとんどの今のブランドの現状である。

商品だから特におかしいことはない、広告とはそもそもそんなものだ、と思っている様では、商品と生活者の長い付き合いを作ることはできない。いつまでたっても商品ローンチやキャンペーン実施の時にだけ多額のお金を使い、その場限りの人しか集められない広告を実施し続けることしかできないだろう。そして毎年同じような広告予算の使い方を繰り返すだけである。まるで底のあいたバケツで水をすくうように、何回も何回も多額のお金を使って水をすくっているのに、一向にそのバケツに水は溜まってはいかない。

広告は「From 360 degree To 365 days」へと変化しなければならない。360 degree とは、テレビCMやデジタルコンテンツ、イベント、OOHなど、生活者を取り巻くありとあらゆるメディアを駆使して、広告を届けようとすることだ。一方、365 days とは、言わずもがな365日のこと。つまり毎日欠かすことなく生活者に接せよということだ。

過去コンテンツはニュースなら新聞、エンタテイメントならテレビなど、媒体別になっていた。そして生活者はこれまでテレビを見ている時にテレビCMに、ラジオを聞いている時にラジオCMに、雑誌を見ている時に雑誌の広告に、インターネットをしている時にウェブ広告に、という形でなにかのコンテンツに触れている時に広告に接触してきた。一日の中のある程度決まった時間に情報と広告に接触してきたのだ。しかしスマートフォンの登場により、すべてのコンテンツがスマートフォンに集められ、人々はあらゆるタイミングでスマートフォンを通して情報に触れる様になった。電車に乗っている時はもちろん、「歩きスマホ」と言われる様に街を歩いている時にも、友達を目の前にして会話をしている時でさえ、さらには寝ようとして布団の中に入っている時にすら、スマートフォンに触れ、情報と接触している。これが「Always On」と呼ばれている状況である。生活者はいつでも情報に触れている。朝起きてから、寝る直前まで。これは見方を変えると、ブランドにとってみれば彼らはいつでも連絡を取れる状態だと言える。いつでも「会話」できる相手にも関わらず、年に数回しか連絡しない、連絡したとしても自分の都合の良いことしか言わないのが、今のほとんどの商品の広告の有様なのだ。

商品のローンチやキャンペーン実施のタイミングにだけ広告を打つのでは、生活者との長い付き合いは生まれない。継続的に生活者に接していくこと。なぜなら彼らは常に「オープン」な状況であり、自社のブランドが接していない時はほかのブランドが彼らと接しているのだ。仮に一度魅力を感じてもらったとしても、その後連絡がなければ忘れ去られ、新しく連絡をしてきたほかのブランドに心を奪われることは容易に想像できる。エビングハウスの忘却曲線という記憶の忘却に関する研究を聞いたことがあるだろうか。人は接触した情報を、1時間後には56％忘れ、24時間後には74％、48時間後には77％、そして1ヶ月後には79％忘れる。1ヶ月連絡を取らなかったらおよそ8割は忘れ去られてしまうという。一方で連絡を取り続けている限り、関係性は続く。だからこそ365 days、特別な時にだけでなく毎日生活者と接することが必要なのである。

すでに海外の日用品メーカーは、ブランドコミュニケーションの目的を生活者との長期的関係構築だと捉え、生活者がすぐに購買に至らなくてもいいので、生活者との対話を増やすことに注力し始めた。これまでは360 degreeの広告プランを実施してきたが、これでは結果的に必要なターゲットリーチ数を確保できないだけでなく、かえってひとつひとつの取り組みが薄くなっただけだと振り返っている。そこでマーケティングのタッチポイントは少なくしながらも、リーチする頻度を増やすことで、生活者にブランドの存在を覚えてもらい、そして理解、共感してもらうことを狙っている。店頭は商品選択の全体の6割を占めると言われるが、店頭の前段階でしっかりとこの取り組みを意識して取り組んでいるのだ。

商品になんらかの変更があるのは、あっても年に数回だろう。だからといって年に数回しか連絡をしないわけにはいかない。日常生活の中で生活者との接点をどうやって増やすか。情報の総量をどの様に増やして、いかに彼らと接する機会を増やすか。その結果商品と生活者をどの様につなげるのか。こうしたことを考えることが広告によるイノベーションの第2段階なのだ。この時に必要なのは当然広告表現ではない。広告表現では長く生活者とつながることはできない。必要なことは、テレビ局やラジオ局の様な情報局が視聴者やリスナーに届ける番組の編成を考えるように、生活者にどんな情報を継続的に届けていくのかを考えること。その商品だからこそ発信すべき情報であることはもちろんのこと、情報の受け手が聞いてうれしい、次も聞かせてほしいということを届け続けなければならない。

難易度の高い業務であることは間違いないが、商品を改良したりラインナップを増やしたりすることに比べれば、時間的にも予算的にも取り組みやすいはずだ。情報を作り出すことに多額の資金は必要ないし、社内外の関係者を長期間巻き込む必要もない。安価に、そしてスピーディに、「おいしい」情報を届ければ良いのだ。生活者が欲する情報を考えることに注力すればよい。そしてありがたいことに、生活者が欲する情報とはいったいどんなものなのかは今や簡単に手に入れることができる時代になっている。SNSの存在だ。ターゲットがなにに興味があるのか、自社の商品について今どの様に思っているのか。そうした情報がSNS上にリアルタイムに蓄積されている。SNS以外にも、検索エンジンでなにを検索しているのか、自社の商品と併せてなんという言葉で検索をしているのか、自社の商品のページに訪問する前はなんのページを見ていたのか、自社の商品のページの後にどのページに移ったのか。こうした「行動」まで知ることができるのだ。

個人がなにを話していて、どんな行動をしているのかを把握することが可能となっている。相手のことを知ろうとすれば知ることができる環境が整っている以上、あとは知るだけだ。こうしたソーシャルなデータを把握することができなかった時代は、いわゆる調査を実施して知るしかなかった。しかし調査ではアンケートだろうが対話型だろうが、初対面の相手に対してどこまで本当のことを話してくれるか分からない。また調査は過去の情報である。情報を発信する際に、参考にした調査が何ヶ月も前に実施したものだというのでは役に立たないだろう。人々が何ヶ月も前の気持ちを今も覚えている保証はない。実際に1ヶ月後には約8割のことを忘れているのだから。過去を知ることはもちろん大切だが、情報を届ける側にとってより大切なのは今であり、さらに将来の生活者の気持ちである。今の生活者の気持ちに耳を傾け、ちょっと先の将来を想像して情報を届けていくのだ。

これまでほとんどのブランドが生活者の話を聞いてこなかった。年に数回突然呼びつけては無理やり話をしてきただけだ。広告の歴史は生活者に向かって一方的に話してきたと言っても過言ではないだろう。自分の話を聞いてくれない相手と誰が一緒にいたいだろうか。自分の話を聞いてくれることがなく、一方的に話をする人とは一緒にいたくないし、話をされたとしても聞きたくない。仮に付き合っている相手だったとしたら「お別れしましょう」となるはずだ。売れない営業も自分の言いたいことばかり言う。売れる営業は相手の話を聞く。話し上手より聞き上手の方が良い営業になれると言う人は多い。広告も営業がやっていることと変わらない。ブランドは生活者の話を聞かなければならない。これまで生活者の話を聞いてこなかったことを認識して、今からでもすぐに生活者の声を聞いてみること。そうすればきっと「こんなことを考えていたのか」「こんなふうに思っていたのか」と、思いもしなかったことに気づくだろう。人と人の関係をイメージすれば、容易に想像できるはずだ。

彼らの話を聞いて、彼らが今考えていることを知ったならば、あとはこの人とどんな話をしていくのかを考えるだけだ。ほかのブランドでも言えることではなく、自社ブランドだから言えることをできる限り考えて話をしていけば良い。しかし相手の「言いなり」になる必要はない。ビジネスでは常に自分ではなく相手が優先されるわけだが、相手が言っていることに対してそのまま応えているだけでは「都合の良い人」で終わってしまう。すでに生活者に役立つ情報を提供しようとしているブランドはいくつも存在しているわけであり、相手が期待しているものをただ提供しているのでは、あまたある商品の中から自社の商品だけを特別視してくれることはない。相手の期待通りでは不十分であり、相手の期待以上を提供して初めて次も話したいという満足を与えることができるもの。だから相手の気持ちを知ったなら、日々サプライズを提供していく気概が必要なのである。話す内容は当然のこと、話すタイミングかもしれないし、話し方かもしれない。こうしたことに知恵を絞るからこそ、このブランドと付き合っていきたいという気持ちが生活者の中に芽生え、長い付き合いを作り出すことができる。

多少のことでは揺るがないような長期的な関係を作っていくことを目指すわけなので、相手が喜ぶことばかりを話すのではなく、時には相手にある程度の負担を強いることも必要だろう。人間の脳はなんらかの対価を払って入手したものを好むという性質があり、なんの苦労もせずに手に入れるものでは満足は得られないという話を聞いたことがある。そうであれば相手をずっと「座らせて」いるのではなく、相手に考えさせたり行動させたりすることも有効なはずだ。また相手の間違いを指摘したり、必要なら叱ったりすることがあってもおかしくはない。生活者の暮らしをより良くするためには、そうした発言はあってしかるべきだ。相手を神様の様に思って、なんでも相手が言っていることに従う様なやりとりでは強い関係を築くことはできない。商品は生活者の奴隷ではなく、パートナーである。どちらかが偉いのではなく、対等な関係なのである。そして商品と生活者との会話を重ねていくことで、強固な関係を作り上げていく。会話を重ねる過程で、相手（生活者）にも、自分（商品）にも新たな発見があり、互いに成長していける様な間柄になることを目指す。

当然、話すたびに考えがころころ変わっていてはいけない。「この間までこんなふうに言っていたのに、今日は話していることが変わっている」なんてことがあれば、信用されなくなってしまうだろう。軸はブラさずに一貫した姿勢で、でもいつも新しい発見や気づきを与えてくれて、お互いに成長していくことができる。そういうことを可能にする接し方を心がけることだ。そしてすでに述べている通り、この様な接し方を自分の都合の良い時にだけするのではない。自分が連絡したい時にだけ連絡するような相手は相手にされない。マメな人間は人気だと聞くが、３６５日、相手が声をかけてほしい時にだけ、話をするようにする。自分のことを一番に考えてくれる、ということが関係を構築する上でなによりも大切なのだ。企業がコラボレーションする相手を選定する時や、人が大切なパートナーを選ぶ時と同じ原理である。

生活者の話を聞き、自社の商品だからこそ言えることを日常的に伝えていくわけだが、商品そのものの話をするわけではない。商品のちょっとした改良やラインナップの追加、商品ホームページの更新やＳＮＳページの開設などの話は、生活者にとって聞くに値しないものである。相手の自慢話を聞かされてもつまらないのと同じで、よほどその商品のファンでない限り不毛な会話になってしまう。伝えるべきは、商品そのもののことではなく、商品と生活者との関係から生まれるストーリーである。自社の商品があることで、生活者にどんな新しい暮らしを提供できるのか。たとえばその「新しい暮らし」もある特定の１シーンしか実現できないということはないはずだ。

「土用の丑の日」のうなぎの話なら、夏バテ以外にも人がバテる時はあるだろうし、人によってはバテ方が違うだろう。そうしたシーンをたくさん考えてみればよい。日常生活だけでなく、スポーツや登山などをしている時もバテることはあるわけで、そうした時にうなぎが関係性を持つことができないだろうか。たとえば登山にうなぎのおにぎりを持っていくと良いということが言えないだろうか。受験の時に「カツ丼」ではないが、秋の運動会シーズンにバテ防止として、うなぎ弁当をすすめられないだろうか。もしくは、たまごかけごはんが流行ったが、たとえば朝に貧血気味になる人に対しては、たまごかけうなぎごはんがぴったりなどと言えないだろうか。あくまでこれらは思いつきで書いてはいるが、シーンや対象を分けて考えるだけでも、「夏バテに食べるものといえば、うなぎ」ということを少し拡大解釈しつつも、軸はブラさずに情報を届けることできるはずだ。またうなぎの楽しみ方だって提案できる。すでに「ひつまぶし」という食べ方がある。この発祥については諸説あり、いつから始まったのか定かではないが、少なくとも誰かがこうした食べ方を提案したわけである。これが結果的に現代においても、うなぎを食べる楽しみ方として定着しているわけである。「うなぎを食べにいこう」と言うのではなく「ひつまぶしを食べにいこう」というふうに言われるまでに、うなぎの楽しみ方として定着している。この様な提案も、生活者の暮らしを充実させることに一役買える。

生活者は、楽しむきっかけを常に探している。外に出かける口実を欲しがっているし、家の中から一歩外へ踏み出す後押しを待っているのだ。そのきっかけ、後押しを広告が担うのだ。たとえば近年急速にハロウィン人気が高まってきているが、これも生活者がなんらかの楽しみを求めていたことが背景にあると考える。ハロウィンの由来がどうだとかいうよりも、単に自分の日常にちょっとした非日常を味わいたくて仮装するということがちょうど良かったわけである。ひつまぶしも、ちょっとした非日常だと言える。夏バテにうなぎだからといって、夏に毎日うなぎを食べることは難しい。けれどこういう食べ方があるなら、あと数回食べてみようかなと思ってもらえれば大したものである。すでにアメリカの食品メーカーは、自社の商品発信ではなく、自社の商品を活用した時短朝食メニューやヘルシーな食べ方、食器などのおしゃれアイテムとの組み合わせ、普通とは違う特別な食べ方といった情報を発信し、日常生活の様々なシーンで自社の商品をどんなふうに楽しんでもらえるかを提供し続けている。

そもそも人間がある対象を信頼するには接触頻度が必要だと言われる。たとえばある調査で「何回聞いたらこのメッセージを信頼するか」と聞いたところ、イギリスでは10回以上聞かないと信頼しない、日本では5~8回聞けば信頼するといった結果が出たという。

この話から数回の接触では信頼を得ることができないことがうかがえる。また人間関係の発展性を測るものとして、ザイアンスの法則というものがある。この法則で述べられているることは、まず人間は知らない人には攻撃的、冷淡であるということだ。しかし人間は会う回数を重ねれば重ねるほど、その人に好意を持つようになるという。ここでも、接触頻度を高くすることで商品と生活者の関係を強められるということが分かるはずだ。さらにこの法則では、人間は相手の人間的な側面を知った時により強く相手に好意を持つようになるということが述べられている。どんな考えを持った人なのか、どんな感情を持った人なのかを知れば知るほど、より強固な関係になると言える。そう考えれば、商品が自分のフィロソフィーを語ることだって必要であるといえる。実際に、将来はこういうことを考えている、これまでこういうことをやってきたのにはこんな理由がある。そうした話を聞くと、相手との距離が近づくものだ。

事実、ブランドの姿勢や哲学に共感できることを、購買する上で優先する生活者は増えてきている。たとえば、あるうなぎ屋がその店を開店したのは、自分の子どもが栄養が足りずに幼くして死んでしまって、そういう家庭を少しでも減らしたいという思いからだったと聞いたら、応援したくなる人もいるだろう。これらの切り口は一例にすぎないが、商品が生活者に話すことはたくさんあることが分かるはずだ。商品そのものではなく、商品と生活者の関係性を想像していく。もしくは商品を挟んだ時の、人と人との関係性を想像してみるのも良い。お酒の広告で人と人がつながるというメッセージは多いが、その商品があることで、その人と、その周りの人との関係がどうなるのかを想像することで、伝えるべきストーリーが見つかるかもしれない。常に生活者と商品がお互いに成長していけるような、新たな気づき、発見がある情報を届け続けることができれば、「2人」の関係にもはや誰も割って入ってくることなどできないのだ。

心理学者のヘルプ・ゴールドバーグ氏によると、友情には3つの段階があると言う。まずは「役に立つ友情」である。文字通り役に立つ情報を与えてくれることによって成立する関係である。相手にとってなにか有益なことをもたらすことによりつながっている状態である。そして次にくるのが「目的志向の友情」である。これは、お互いの間で共通の「目的」があることによって成り立つ関係である。休みの日に一緒にサッカーを楽しむといった具合に、ある目的を共有していることによりつながっている。そして最後にくるのが「友情」である。有益な情報や共通の目的といったものとは関係なく、ただ互いのことをよく知っていることで成立している関係だ。この時に損得勘定といったものは存在しない。この様に、「役に立つ友情」→「目的志向の友情」→「(互いのことをよく知っている)友情」という3つの段階を経て、人と人の距離が近づいていくというのであれば、これを商品と生活者の関係構築に活かさない手はない。

まずは「役に立つ関係」から始まり、次に「目的志向の関係」へ、そして「(互いをよく知る)関係」へと発展していけばよいのである。提供していく情報も、役に立つ情報と目的志向の情報を用意していけば良い。役に立つ情報発信をしているブランドは日本でも少しずつ増えてはきている。特にデジタルコミュニケーションの施策として、家庭で使える「おばあちゃんの知恵」の様なコンテンツを作って提供している例は見かける様になった。ただ、目的志向の情報を提供できているブランドはほとんどない。役に立つ情報ばかり意識するのではなく、生活者と商品の共通の目的を見いだし、目的志向の情報提供を行うことを意識していくことで、生活者と商品との距離を今よりも近づけることができる。

役に立つ情報と目的志向の情報を作り出す上で参考にできるのが、「マズローの欲求5段階説」である。あまりにも有名な説ではあるが念のため説明しておくと、人間の欲求には下から順に「生理的欲求」「安全欲求」「社会的欲求」「尊厳欲求」「自己実現欲求」という5段階の欲求があり、低い段階の欲求が満たされれば、より高い段階の欲求を欲するという、アメリカの心理学者アブラハム・マズロー氏が理論化したものである。

最も低い段階にある「生理的欲求」とは、「食べる」「寝る」などの生きていくための基本的な欲求を指す。次にくるのが「安全欲求」。暴力や災害、病気といったものから守られ安全安心な暮らしがしたいという欲求である。そして3番目にくるのが「社会的欲求」。孤独からの脱却であり、国家や会社、家庭といった組織に所属したいという欲求である。そして4番目には「尊厳欲求」がくる。ほかの人から認められたい、尊敬されたいという欲求である。なにかを遂行したり達成したりすることで他者から注目されたり賞賛されたりしたい気持ちだ。最後は「自己実現欲求」である。自らの能力に適した「あるべき自分」になりたいという気持ちである。人間には根源的にこれらの五つの欲求段階があるという前提に立つならば、ブランドはこれらの欲求が満たされる情報を作り提供していけばよい。

「生きていくために必要な情報」「暮らしの安全に活かせる情報」「なんらかの所属意識を満たす情報」「他人から賞賛されるような機会を与える情報」そして「自らの能力を発揮してもらうような情報」。これら5つの情報を「役に立つ情報」と「目的志向の情報」とに分けると、「生きていくために必要な情報」と「暮らしの安全に活かせる情報」が「役に立つ情報」で、「なんらかの所属意識を満たす情報」と「他人から賞賛されるような機会を与える情報」、そして「自らの能力を発揮してもらうような情報」が「目的志向の情報」という形に整理できる。

ここまで整理できれば、商品が生活者に対していったいどの様な「生きていくために必要な情報」を提供できるのか、「暮らしの安全に活かせる情報」を提供できるのかを具体的に考えていけばよい。商品は生活者のなんらかの問題を解決するから存在しているわけである。また「○○と言えば、この商品」であり、この○○は生活者の生活をより良くする提案が入っているわけなので、すでにどんな暮らしを解決する、どんなふうに暮らしを

図表❷

商品と生活者の関係を構築するための情報発信

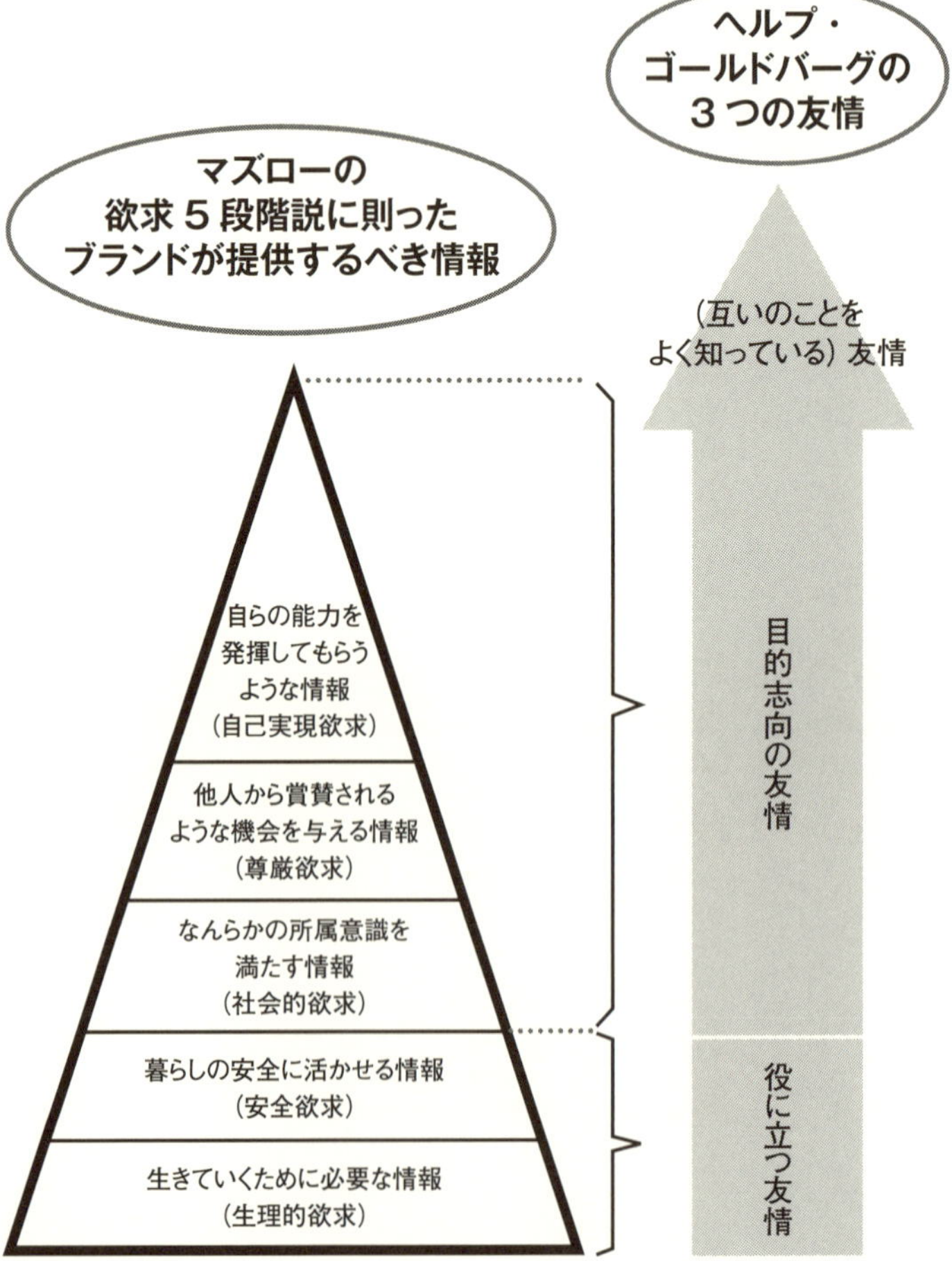

より良くするというのは整理できているはずだ。その上でこんな使い方もできる、こんな人にも良いといったふうに情報を作り出していくのだ。

こうして商品と生活者が「役に立つ」関係になってきたら、「目的志向」の関係へと発展していけばよい。なんらかの所属意識を満たすにはどうしたらよいか、生活者がほかの人から賞賛される機会はどの様に作ることができるか、自らの能力を発揮してもらうにはどうすればよいか。こうした情報をどう作って発信するかということである。簡単なところで言えば、「商品改良ご意見アンバサダー」といった「組織」を作って生活者から募集し、定期的にデジタル上やリアルの場で集まる機会を設けて意見を交わし、その中でも有益な改良提案を述べてくださった方の意見を採用して商品を本当に改良してしまうといったことだろうか。デジタル上のコミュニティで、発売前の商品を試食してもらって生活者の声を聞き、実際発売する商品に活用するといった取り組みをしている企業は存在するが、こうした取り組みもヘルプ・ゴールドバーグ氏、アブラハム・マズロー氏の2人の心理学者が提唱している理論を踏まえると理にかなっている取り組みであることが分かる。「共創」や「Co-Creation」といった言葉が生まれているが、同じことである。

生活者は賢くなっており、ただ「消費する」だけの存在ではなくなってきている。無償であっても自らの考えを社会に提供し、それによりなにかが良くなることに貢献できる機会を求めている。こうした考えは、決して企業で仕事をしている人だけの話ではなく、普段家庭にいる主婦も変わらない。有職者であろうがなかろうが、人間はなんらかの組織に所属して、そこで認められたいという気持ちを持っているのだ。だからこそそうした欲求を満たしていくことで、商品と生活者の関係を構築していくことができる。

この様に役に立つ情報を提供したり、目的志向の情報を提供したりしていくわけだが、相手のことを知らなければ情報提供できないことには変わりはない。また友情の3つ目の段階が、「互いのことをよく知っている」状態であることも忘れてはならない。つまり、生活者のことを知ることの大切さがうかがえる。自分のことばかり知ってもらおうとするのではなく、相手のことを知ろうとするのである。役に立つ情報を提供している段階でも、目的志向の情報を提供している段階でも、常に生活者のことを知ることが大切である。

生活者の情報は日々アップデートされる。いつも同じ気分でいるわけでもないし、毎日消費しきれない量の新しい情報に触れ、新しい知識を得ている。自社にとっての競合の商品からもなんらかの情報提供があり、「言い寄られている」ことだって考えられる。1年に数回「連絡を取る」関係では3段階目の「(互いのことをよく知っている) 友情」にはなれない。

スマートフォンという強力なインフラが整っている以上、相手のことを常に知ることができる条件は揃っている。あとは生活者のことを知る「仕組み」を考え、早急にマーケティング活動に実装していく必要がある。ブランドは一方的に好きな時だけ話をしてきた過去に目を背けてはいけない。話すことよりも生活者の話を聞くこと。これからのブランドに求められる姿勢である。

そして生活者のことを知った上で、彼らが欲しいタイミングに、その人向けの提案を行うことが今後ますます求められる。生活者の買物構造・実態を研究している博報堂買物研究所が、これからの買物の潮流を予測・提言する「買物フォーキャスト2016」を発表しているが、そこでは一度なにかを「欲しい」と思っても大量の情報に接する中でいつの間にかその欲を忘れてしまう現在の生活者の存在を提示している。口コミやランキングの情報が氾濫し、どの情報が正しいのか分からない。価格やスペックの変化が激しく、いつ買えばよいのかが分からない。商品の数や種類が多すぎて、なにが自分に必要なのか分からない。こうした問題により、生活者はいったい自分はなにをいつ買えば良いのかが分からないというストレスを抱えてしまっているのだ。そしてそのストレスによって、一度買おうとした買物を保留したり先送りしたりしてしまい、新たな情報に接する中で買おうと思ったもののことを忘れてしまっているのだ。

こうした中、商品は生活者に対して、今あなたにとってなにが最適かを提案できるコンシェルジュの様なやりとりが必要になってくる。生活者のことを知っているからこそ、自信を持ってなにが良いのかを提案できる。親友にアドバイスを送るように、生活者とオーダーメイドのコミュニケーションをしていくことが今後ますます求められるだろう。こうして生活者との感情的なつながりを作っていくことはブランドの収益としても有力である。

売上やシェアの拡大のために、新規顧客や接点の少ない顧客にばかりアプローチしようとする企業は多いが、感情的なつながりのない顧客の満足度を上げようとするよりも、すでに満足度の高い顧客とさらに強固なつながりを作ろうとする方がリターンは大きい。つまりこうしたやりとりこそ、ブランドの売上に貢献する活動なのである。

これからのブランドは「情報局」なのだから、当然突発的なニュースも伝えなければならない。生活者は24時間365日活動を続けており、その活動の中の一瞬に、ブランドが貢献できる瞬間がいくつも存在している。その瞬間はほんの数秒しかない、かつその後二度と現れないかもしれない。たとえば知らない街に足を踏み入れた瞬間かもしれないし、友達と会話している瞬間やテレビ番組を見ている瞬間かもしれない。そうした一瞬に生まれるニーズをつかみ、その一瞬に応えなければならない。情報局が災害や事故などを生放送で速報する様に、商品もその商品が関係する関心や需要が喚起される瞬間を捉えて情報を発信していくのだ。特にスマホユーザーは、自らの周囲に関する情報を欲しがっている。「今」「ここで」役立つ情報が欲しいと思っている。そうしたタイミングに合わせて、役に立つ情報を、タイムリーに大量に届けられる体制を作ることだ。こうした「一瞬」にも連絡を取るからこそ、持続可能な関係を作り出すことができる。なにかおもしろいことがあったり、伝えたいことがあったりすると、友達にその場で連絡を取るのと同じである。こうした取り組みの積み重ねが、「2人」の関係を強固にするわけである。

「Always on marketing」といった言葉が存在するが、特に難しく考える必要はない。ふとした一瞬にもブランドが生活者に情報を提供できる機会があるわけであり、それを逃さずに情報を提供すれば良いだけである。目の前で起こっているおもしろいことを友達に連絡するのと同じ様にすれば良いだけである。この積み重ねにより、商品を生活者の暮らしにおける息の長い実りある存在とすることができるのだ。

広告によるイノベーションを実現する3つのポイント

商品を抜本的に変更しなくても、広告によるイノベーションで商品を売ることができる。広告とは「広く告げる」役割ではなく、ブランドと生活者との新しい関係を作ることだ。こういう関係であればブランドと生活者が結ばれる、という関係性を考える。その関係性を作り出すために、「○○と言えば、この商品」という「○○」を考えなければならない。「○○」は、生活者への新しい価値の提案である。生活者の日常生活におけるなにかの

「負」（不満や問題、困っていることなど）を解消するものか、もしくは、生活をより良く充実させてくれるものである必要がある。この「〇〇」を見つけるまでが広告によるイノベーションの第1段階。そして第2段階は、いかに生活者との日常のやりとりを増やすかである。商品がなにかを言いたい時だけ情報を発信するのではなく、日々生活者と対話すること。こちらが話すばかりではなく、相手の話を聞き、役に立つ話やお互いが成長していけるような目的志向の話をしていき、その結果お互いをよく知っている関係になること。相手が欲している一瞬にも連絡を取り、他社の商品が入り込めない強固な関係を築いていく。第1段階も第2段階も、多額の金額を投下して商品をなにからなにまで変える必要はない。商品の存在をがらりと変えてしまうよりも、商品を生活者にとって最適な見え方にするだけである。無形の情報を作り届けるので、在庫リスクもない。商品が売れるだけでなく、こうした利点もある広告によるイノベーションを行わない手はないだろう。

図表❸

ブランドと生活者との新しい関係を作るプロセス

第1段階

「○○と言えば、この商品」の「○○」の開発

⇒生活者への新しい価値の提案

第2段階

生活者との日常のやりとりを強化

⇒相互の対話により「友情」を深める

この広告によるイノベーションを確実に実現していく上で、担当者は3つの点に注意を払わなければならない。商品のこと、生活者のこと、そして両者の関係性を考えるあなたのことの3つである。

❶商品を購買する具体的な理由を提示できているか

ビジネスでは、相手のことを起点にして物事を考えていくのが当然であるが、広告によるイノベーションの起点は相手である生活者ではなく、商品である。商品を見つめ直すことから始めなければならない。なぜなら生活者のニーズをつかむことを最初にやってしまうと、そのニーズに応えるためには今のままの商品では無理で、結果的に商品を抜本的に変更しなければならなくなってしまう可能性があるからだ。決してプロダクトアウトの考えを推奨しているわけではないが、広告によるイノベーションの基本的思想は、多額の投資をして商品をがらりと変えてしまうのではなく、できれば、今のままの商品の今の見え方をより最適なものへと変更することで、低予算・低リスクで最大限のリターンを得ようというものである。だからこそ、商品を見つめ直すことからやる必要がある。

付加価値をつける、というのは商品開発の発想には必要だろうが、広告によるイノベーションはむしろ、商品がすでに持っている本来の価値を発見してあげることだ。今まで特に光の当たっていなかった部分だが、この部分は実は生活者に貢献できる要素がある、という点が商品には存在する。その要素を探る、という考えで取り組まなければならない。その商品が今持っていない要素を足してあげようというのではなく、その商品が持つ、今はまだたくさんの人に気づかれていない要素を見つけてあげようという考えである。この作業は非常に難しい。

新しい価値は見つけやすく、お金と時間さえあれば誰でも追加できる。しかし、新しい価値を足せたということは結局他社の製品も同じ様に足せるものである場合が多い。一時的に新しい価値を足したことにより、新しい顧客との出会いを作れたとしても、すぐに他社も追随して結果的にほかとの違いが見えなくなってしまう。こうしたサイクルを繰り返していては、企業は持続可能な成長を遂げることが難しくなってしまう。この様な発想ではなく、今のままの商品で、今まで気づかなかった良さを見つけるのだ。その良さはその商品が生まれた時から持っている良さである。ただこれまで誰も特に気にしなかっただけである。商品が誕生した時にはあまり価値のなかった要素でも、今の時代の生活者にならば「新しい価値」として「○○」を提案できるかもしれない。だから「○○」は商品の外から持ってきて作り出すものではない。商品から探し出すもの。そんな価値を発見することが、広告によるイノベーションのスタートである。

「○○と言えば、自社の商品」という「○○」を商品から探すわけであるが、「○○」はその商品だからこその内容かどうかが、探す時のポイントである。情報とは、「なにを」言っているかよりも、実は「誰が」言っているかの方が大切であるからだ。近年ネットで炎上という言葉が存在するが、同じことを言っていても、炎上するアカウントと炎上しないどころかむしろ支持されるアカウントがある。発言しているアカウントが誰なのかによって、受け手の感じ方が異なるということだ。また、たとえば「東京の上空に未確認飛行物体（ＵＦＯ）が発見されました」という情報が出たとする。仮に個人のブログで「東京の上空でＵＦＯを発見した」という書き込みがあったとしても、どれだけの人が信じるだろうか。もしくはスポーツ新聞の紙面で「東京上空にＵＦＯ⁉」という形で情報が出たとしたら、どれだけの人が信じるだろうか。ただこれがＮＨＫのニュース速報として「ただ今、東京の上空でＵＦＯが発見されたという情報が入りました」という形で情報が出たとしたらどうだろうか。この話から言えることは「なにを」言うかよりも、「誰が」言うかが情報を伝える上で非常に重要になってくるということである。

情報の差出人が誰なのかは、情報の受け手にとって非常に大切な要素になる。そうすると「○○と言えば、自社の商品」という提案を生活者にする時に、その商品が言うにふさわしい、もしくはその商品からかけ離れたことを言うにしても、誰もが納得できる根拠を持ち得ているかが重要になってくる。こうした観点からも、その商品が本来持ち得ている特徴を探す必要性が感じられるはずだ。商品の外から持ってきた価値ではなく、商品が生まれながらにして持っていた価値を新たに届けるのであれば、「だからこの商品が言うのか」という納得をしてもらうことができるのだ。

こうして見つける「○○」は、何個もある必要はなく、基本的にひとつで良い。むしろひとつでなければならないと言っても良い。「あれにもこれにも、自社の商品」といった提示をするのは逆効果である。たとえば、プロ野球には開幕前にキャンプというものがあるが、これは新人選手などがレギュラーの座を狙って監督やコーチに自分をアピールしなければならない場である。そこで、いったいどんな選手が監督やコーチの目に留まるかといえば、なにかひとつのことに長けている選手だという。たとえば走るのが速かったり、ものすごく遠くまで打つことができたりといった様に、なにかひとつ監督やコーチの記憶に残る要素を持っている選手のようだ。一方で、なんでもできるところを見せようとする選手は本来得意なところすらアピールできないケースが多いという。商品が生活者の目に留まるようにするのにも、同じことが言えるだろう。あれもこれも良い点がありますと言うのではなく、生活者の暮らしを確実に良くするたったひとつの「〇〇」を見つければ良い。

たったひとつの「〇〇」、しかし確実に生活者の暮らしを良くする「〇〇」は、その商品を買ってくださったお客様になにをもたらすことができるかを「約束」として提示するものである。商品が生活者とどんな接点を持って、どんな意味を作り出すのかを提示するものである。この提示（＝広告）に触れた人の認識や行動がどの様に変容するのかをシミュレーションしなければならない。

私たちが作るべきは、伝える広告ではなく、生活者を動かす広告である。生活者にとって、広告に対するインタレストと商品に対するインタレストは違うものだ。広告が話題になって広告への興味を喚起しても仕方ない。商品を置き去りにした広告をするのではなく、商品への興味を喚起し、商品を買っていただける広告を意識しなければならない。それは、「期間限定」を謳う様な短期的な売り方ではなく、少なくとも中期的に、できれば永続的に商品を買っていただける関係になれる提案であること。生活者の脳の中でいかに自社の商品の存在感を増すかといった発想の広告では通用しない。生活者の行動を喚起し、行動の変化に結びつける広告が求められており、その行動変化を起こす「○○」を見つけることにこだわらなければならない。その「○○」こそ、生活者が商品を購買する具体的な理由である。

❷生活者をイメージするところで止まっていないか

「データドリブンマーケティング」という言葉が出現して久しい。インターネットの発展により、人々の行動がデジタルデータとして蓄積され、どの様な人がどの様な購買行動をしているかを把握できるようになってきた。検索サイトでどんなワードが検索されているのかだけでなく、どのワードとどのワードを組み合わせて検索しているのかといったことも分かるし、自社の商品のサイトの前にはなにを見ていて、どのくらい自社のサイトに滞在して、その後どのサイトに遷移していったのか、その人はFacebookでなにを投稿しているのか、twitterでどんなツイートをしているのかといったことも知ることができる。動画投稿サイトにアップした自社の広告動画はどのくらいの人に閲覧されているのか、何秒くらいのタイミングで人々が視聴を止めているのかといったことも簡単に知ることができる。ソーシャルリスニングという言葉も生まれ、今まさにSNSで生活者がどんな話をしているかを聞くことができる。さらにはネット上のアカウントとポイントカードのデータを組み合わせて、オンラインの行動と、オフライン（＝リアル）での行動をつなげることも可能になってきた。実際に商品を購買した人は購買前になにを検索していたのか、どのサイトを見ていたのかといったことまで知ることができる時代になった。こうしたビッグデータの活用は、生活者を知るためには有効であり、多くの企業が遅かれ早かれ取り組み始めている。

たとえばアメリカのバーガーチェーンはソーシャルリスニングを行うモニタリンググルー

ムを設け、4名体制で常時ソーシャル上での投稿をチェックしている。肉が好きな若いターゲットを囲い込むというマーケティング戦略が決まった際には、そうしたターゲットがFacebookやtwitterなどに投稿しているソーシャルポストを確認。企業側はお店で販売しているサンドイッチがそのターゲットに支持されていると思っていたが、ターゲットはその店のケチャップソースについてソーシャル上で多く話をしていることが分かった。そこでソーシャルリスニングの結果を踏まえて、ソースを作って売るキャンペーンを実施して売上を伸ばしたという。

ビッグデータが出現する前に、生活者を知る手段はアンケートやインタビューだった。これらは生活者の記憶に頼るものであるので、どこまで正確な情報を拾い上げられるかは分からない。「いつこの商品を買ったか」といった簡単な質問でさえも、仮に3ヶ月前だったとしても、1ヶ月前だと回答することが起こりうる。生活者にとってみれば、いちいちそんなことを覚えていないのだから仕方のないことだ。またアンケートにせよ、インタビューにせよ、自分の意見を求められているわけであり、それを察した回答者は、アンケートする側の、インタビューする側の気持ちを汲んで、本来の気持ちとは違った「建前」

を回答する可能性もある。本当は「おいしくない」と思っていても、「おいしいですね」と回答してしまうことはある。

また、ぼんやりとどんなものが欲しいかといった質問も無意味である。人は自分の欲しいものなど知らない。自分の潜在的なニーズに気づいていないため質問されても言語化して話すことなどできない。そのため調査において「本当のこと」を話すことができないのだ。だから調査によって得られた結果をすべて信じることなどできない。仮に信じるに足る内容だとしても、これらはだいぶ前の過去の話だという問題点もある。こうしたアンケートやインタビューと比較して、デジタルデータは生活者の行動をすべて「記録」したものになるため「ウソ」は存在しない。すべて事実であり、その事実の集積がビッグデータであるわけだ。また、ソーシャルポストを含めたこれらのデータはリアルタイムに集まってくる。アンケートやインタビューによって得られた情報よりも信頼できると言えるだろう。

ただし、ビッグデータで得られるものはあくまでデジタルで記録された行動だけである。

過去の行動は把握できるが、ビッグデータには生活者の気持ちや思いまでは記録されていない。どんな思いで商品を購入したのか、どんな気持ちがあって購入を検討したのか、といったところまでは把握することはできないのだ。

これまで曖昧な記憶と建前によって正確に得ることができなかった生活者の行動はビッグデータを活用して知ることができるようになった。しかし生活者の気持ちまでは測れない。この気持ちこそ、インサイトと呼ばれるものであり、生活者の購買をかき立てるものだ。だからこそビッグデータを集めることに終始していては、生活者のことを知ることはできない。恋人が昨日一日なにをしていたのか、といった行動だけを知ったところで仕方がなく、昨日から今日にかけてどんな気持ちでいるのかを知ることの方がずっと大切であることは想像ができるはずだ。同じ様に生活者の行動だけを知っていても、なにも提案することはできない。どんな気持ちでいるのかを知っているからこそ、未来の提案ができる。私たちは決して「商品を売っている」わけではない。私たちは「未来を売っている」のである。商品を買っていただいた後に、どんな未来が待っているのかを提案するわけだ。この商品があればもっと良い生活ができる、健康になれる、今よりさらに幸せになれる。そうした未来を提案するためには、生活者の行動ではなく、気持ちを知らなければならないはずである。だからこそ私たちは、データよりもエピソードを集めなければならない。どの様な気持ちがあったからこの行動に至った、といった様な、気持ちまで感じ取れるエピソードを集めていくことで、本当の意味で生活者を知ることができる。

エピソードを集めるためにできることはただひとつ。実際に会って話すことだ。ただしインタビューでは駄目である。インタビューは結局知らない人との会話であり、建前が存在してしまう。本音で話してくれる相手ではない。だからこそあなたの身近な存在で、実際にターゲットだと思う人と話をすること。決して遠慮されたり、気を遣われたりして本当のことを話してくれない人ではなく、むしろ、「つまらない」「おもしろくない」「いらない」といった、本当は言われたくない様なことも言ってくれる人と話をしなければならない。その人の話を聞くことで、ターゲットの気持ちを知ることができる。建前ではなく、本音を知ることができる。こうした気持ちを知って初めて、ターゲットのことを本当の意味で知ることができるのだ。

こんなことを実際に取り組んでいる企業人などいるのだろうか、といった疑問が生まれるかもしれない。しかし実際にこうした取り組みをしてヒットを生み出している人がいる。たとえばリクルートの「創刊男」と呼ばれた、くらたまなぶ氏だ。くらた氏はリクルートで、「フロム・エー」「とらばーゆ」「じゃらん」「ゼクシィ」などの情報誌を次々と生み出した人物である。彼の仕事の仕方は、とにかく生活者の感覚をつかむこと。データを徹底的に見るのではなく、生活者の生の声をとにかく集めて、そこから創刊する情報誌を考えていった。彼以外にもヒットを生み出す人の多くは、実際にターゲットの生の声を聞くことで、どんなことを不満に思っているのか、なにを解決してほしいのか、もしくはこれから提案するものが受け入れられるのか、受け入れられないのか、といったことを肌感覚でつかむことを怠らない。データだけを見て頭で理解しようとするのではなく、実際に自分の肌感覚として分かるところまで知ろうとしている。

次に、あなたの周りにそうした相手がいるのかという不安があるかもしれない。しかし、少なくとも20年以上生きてきて社会に出てきているわけであり、いくらニッチな商品を扱っていたとしても、ターゲットが周りに全くいないというのは考えにくい。仮にターゲットの条件が100%当てはまらなくても、部分的に当てはまる人は周りにいるはずである。部分的に当てはまる人すら周りにいないのであれば、そんなターゲットは存在しないのではないかと考え直した方がよい。自分の周りにはいないが、自分の知らないどこかには存在するはずだなどと考えるのはおかしい。ターゲットはあなたがまだ知らないニューワールドに存在しているのではなく、あなたの生活圏にいる。逆の言い方をするならば、あなたの生活圏に存在しない様なターゲットを思い描いてはいけないのだ。

ターゲットの生の声を聞く上でまだ気になることがあるとすれば、サンプルがどれだけ集められるだろうか、という点だろう。マーケティング調査において、N数は気になるものだ。話を聞く人の数は多ければ多いほど良いのは当然である。くらた氏は100人に聞くこともあったようだが、それ以上でももちろん問題はない。ただ数人では駄目なのかというと、そうではない。私は3人程度でも意味があると感じている。「三人寄れば文殊の知恵」ということわざがあるが、3つ揃えば満たされているといったことは、日本だけでなく世界でも言われている。ひとつでは点、ふたつあると線になるが、3になると面が完成し、すべてが揃うといった考えが日本に存在しているし、世界を見れば、アップルの創業者であるスティーブ・ジョブズ氏も、プレゼンは3つのテーマに絞ると良いといったことを述べている。3人に聞けば完璧だとは言わないが、少なくとも3人の話を聞けば、生活者の気持ちを知ることができるのではないだろうか。

こうしてターゲットの気持ちを知るために実際に人に会って話を聞くわけだが、会って話を聞くメリットはそれだけではない。ターゲットの名前と顔を特定できるという利点もある。多くの企業でマーケターはターゲットのペルソナをまとめているだろう。しかしその多くは調査やビッグデータから得られる「データ」をベースにして、ターゲットをイメージしただけに留まってしまっている場合が多い。確かにビッグデータの活用により生活者の発するメッセージを読み取ることができるようになり、これまでの、勝手に想像したターゲット像と比較すれば、より現実に近いターゲットをつかめるようになってきているのだろう。ただし、どれだけペルソナを描いたとしても、あなたの周りにそのイメージしている人物は本当にいるだろうか。あなたにとって身近な存在の中にいるだろうか。もしくはあなたの行動範囲の半径何メートル以内に存在する人だろうか。頭の中でなんとなくこんな感じの人と想像したり、身近なあの人「みたい」な人とイメージしたりするのではなく、「この人だ！」というところまで対象を特定できなければ、結局そのターゲットは絵空事になってしまう。

提案する商品は目の前に実際に存在しているのだから、同じ様にその商品を提案する相手も実際に名前が挙げられなければ、新しい価値の提案などできるはずがない。だからイメージするだけで止まっていてはいけないのだ。いるかもしれない、いないかもしれない人をただ思い描いているのではなく、実際に人に会うことに時間を割き、ターゲットの気持ちを知るだけでなく、提案したい相手の「代表」として、ターゲットの名前も顔も特定できるようにしておくこと。そうすれば、提案はぼんやりしたものではなく、具体性を帯びた価値のある提案になる。

たとえば、自分の親友の抱える悩みを解決しようとするのと、会ったこともないし顔も思い浮かばないし名前も知らないけれど、なんとなくこんな感じの人の悩みを解決する場合とでは、どちらが価値のある提案ができるかは比較するまでもないはずである。だからこそ私たちは、会社にいて席に座っている場合ではない。生活者に会いにいくこと。優秀な経営者やコンサルタントが現場に出向く大切さを話すが、それと変わらない。情報は頭で稼ぐのではなく、足で稼ぐしかないのだ。

❸担当者自身が、その提案をやってみたいと思うか

商品のことを知り、生活者のことを知る。後は、商品と生活者をどう結びつけることができるかだ。商品と生活者の間にどんな関係性を作ることができるかを考えていく。その時に最も注意すべきことは、その関係性は、その提案は、担当者自身が納得できるものなのか、賛同できるものなのかということである。

「自分には理解できないのだが、生活者にとってはこれが良いようだ」といった考えで企画を進めてうまくいくケースはあるかもしれないが、その考えで企画を進めてはいけない。なぜなら自分が心底納得していないことを選択してしまって、仮にうまくいったとしても、もしくは失敗したとしても、あなたへのリターンはなにもない。なぜうまくいったのかを振り返ることはできないし、失敗した時は他人の責任にしてしまうからである。つまりPDCAのCheckができず、次のActionにつながらないのだ。うまくいったのならまだな

んとでも言えるかもしれないが、一番良くないのは失敗した時だろう。選択した理由が自分の「外」にあったのだから、失敗した理由も自分の「外」にあると思ってしまうのだ。

企画を採用し、実行する場合には、判断を人に委ねてはいけない。もちろん社内の意思決定もあるので、当初自分が考えていたものと違うものを最終的に選択する場合はあるだろうが、その時でも、納得するまで簡単に受け入れてはいけない。外部のクリエイターとの会話でも同じである。たとえ自分より立場が上の相手だったとしても、著名な相手だったとしても、自分が納得できないままに企画を進めてはいけないのだ。あなたのポケットマネーでその企画を進めるのであれば、絶対に納得しなければ支払わないはずだ。世界で最も成功している投資家と言われるアメリカのウォーレン・バフェット氏も、「自分が理解できない会社の株は買わない」と言い、アメリカがＩＴバブルだった時もＩＴ銘柄には投資をしていない。彼は、「その企業について論文を一本書けなければ株を買ってはいけない」といったことまで話しており、それだけ自分が分かっている、理解していることの重要性を説いている。自分が理解し、納得していなければ、失敗した時になぜ失敗したのか、次はなにに気をつけるべきかが分からないからだ。

図表④ 担当者が商品と生活者の関係性を作る

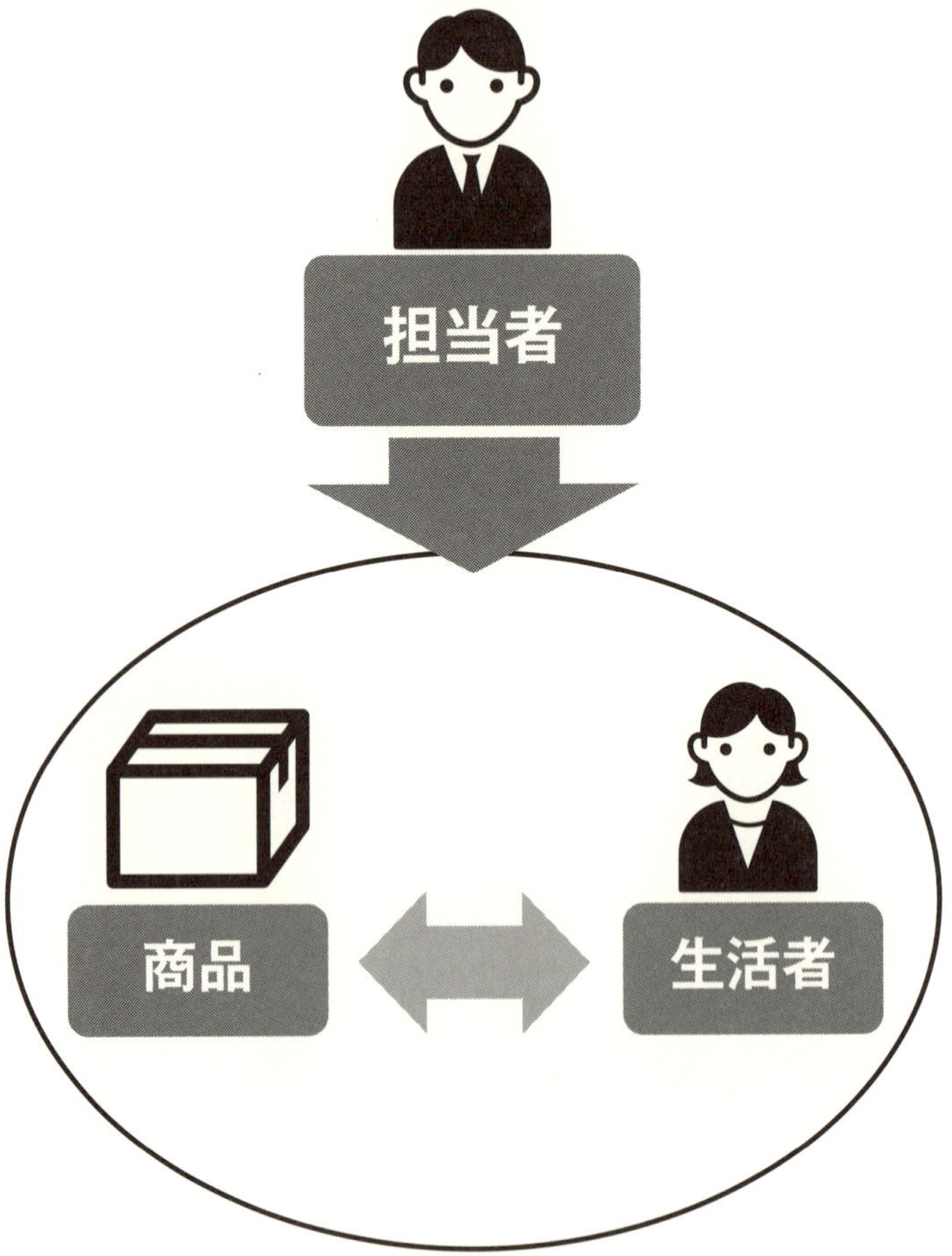

自分には理解できないが、自分以外の人には良いということは確かに存在する。もともと自分と同じ人間などこの世にいないわけだし、価値観の多様化もより一層加速している。しかしそれでも自分が理解できない、自分には分からない企画を採用するわけにはいかない。その理由は前述の通り振り返りができないということと、もうひとつは企画の精度を高めることができないというふたつの問題が存在するからだ。企画を原石の状態からダイヤモンドへと磨いていくのに、自分が分かっていなければ、なにをどうすれば企画がより良くなるのか知る術もなく、結果的に筋は良かったが大成しなかったというふうに終わってしまう。だからこそ自分が分かる企画、自分が分かる提案、自分が分かる関係性でなければならない。ただし自分の中の100％が分かる必要はない。自分の中にいる、一部の「自分」が理解できる、共感できるというレベルで良い。1人の人間であったとしても、ひとつの感情しかないということはないはずだ。ロボットならそうかもしれないが、人間の中にはいろいろな感情が存在している。だから自分の中にある「世の中」を探せばよい。自分の中のどこかに、ほかの人の気持ちが分かる部分があるはずだ。それも1人や2人といった少数の人の気持ちだけでなく、自分以外の多くの人に共通する気持ちを有しているはずだ。たとえばあなたが男性であろうとも女性であろうとも、異性の考えが理解できる部分があるだろう。どの国に生まれようが、違う国の人の気持ちが理解できる部分があるはずだ。基本的に人間の本質的な欲求は変わらない。何歳であろうが、どの人種であろうが、どんな性であろうが、共通する部分はあるはずで、それを自分の中から探せば、きっと自分も納得できる、共感できるものがある。そうすれば、「自分には理解できないが、ターゲットにとっては良いらしい」といった考えではなく、「この内容はターゲットにとって受け入れられるものであり、自分にも確かに納得できる部分がある」といった考えに至ることができるはず。ここまで考えていれば、主体的に企画を進められるし、仮に失敗したとしても、なぜ間違っていたかを真剣に振り返ることができる。これこそ、当事者意識を持って仕事に臨むということである。

人はなにか企画をする時に、なぜか自分の遠いところから考えようとする。自分の行動範囲の半径何メートルには決して企画のネタになるようなものなど存在するはずがなく、自分の知らないどこかには、きっと考えもつかなかった素晴らしい企画のネタがあるはずだと考えがちである。これは企画に限った話ではないかもしれない。自分探しの放浪の旅も同じだろう。世界に出ればまだ知らない自分に出会えるかもしれないと思って、なにもかも捨てて旅に出てしまう。私は世界50ケ国ほど回ったことがあるが、少なくともそれで自分を見つけたことはない。それよりも就職活動の時に数日間家に籠って、自分のことを考え抜いた時の方がよっぽど自分を「探す」ことができた。世界のどこかに自分は転がっていないし、自分は自分の中にしかいない。企画も同じだと思う。企画探しの旅に出ても企画は探せない。遠くを見るのではなく、むしろ足下から目を向ける。自分の生活圏、自分の行動範囲にこそ、企画のネタは存在する。その中で見つける企画だからこそ、実際に人々に受け入れられるのだ。

私たちが扱うのは一部の人にしか理解されない芸術ではなく、できれば1人でも多くの人に受け入れてほしい提案である。そうであるからこそ、生活者に提案する新しい価値は、自分の生活圏に存在している問題を確かに解決するものだという実感を持てることが大切である。前述のターゲットのイメージと同じだが、20年以上生きてきて社会に出てきているわけであり、その間で自分が、もしくは自分の周りの人が一度も考えない様な「あったらいいな」を提案したとしても受け入れてもらえる可能性は低いだろう。新しいものはふたつ以上の既存のものの組み合わせであり、劇的に新しいものなどほとんど存在しない。

なぜなら新しすぎるものは、理解されず受け入れられない。提案しようとしている商品と生活者との関係性は、自分の実生活にとって当てはまるか、もしくはあの人の実生活に当てはまるかを考えて、自分の周りのどの人にも当てはまらないようなものであれば採用するわけにはいかない。一方、これから提案する関係性が、自分にとっても当てはまる、あの人にとっても当てはまると言えるのであれば、その提案は地に足のついた提案になっている可能性が高い。

広告によるイノベーションを実現した好例

海外の消費財メーカーが販売している赤ちゃんの紙オムツの話を紹介したい。世界的に売れているこの紙オムツが、中国市場に参入した時の話である。参入当初、もともとこのブランドが有していた「最も便利でドライなオムツ」という特徴を押し出したメッセージを展開していた。すでに他国では多くの支持を得ているブランドであったにも関わらず、中国では思ったような反応を得ることができなかった。そこでターゲットである中国のお母さんはどんな問題を抱えているのか調べたところ、中国のお母さんは赤ちゃんがよく眠れるかを気にしていることが分かった。その上で、改めて商品を見つめ直したところ、ほかのオムツと比較して、この商品をはいた赤ちゃんはよく眠ることができるという事実を発見することができた。そしてこれまで伝えていた「最も便利でドライなオムツ」というメッセージを止め、「赤ちゃんがよく眠ることができる」というメッセージを展開することとした。決して商品を抜本的に改良するのではなく、今の商品のままで、どうすれば生活者と新しい関係性を作ることができるのかを考えて、実行した好例である。こうしてこの商品は、中国のお母さんにとって、「自分の赤ちゃんがよく眠ることができるオムツと言えば、この商品」という認識を作ることに成功し、オムツを買う時に第1に想起してもらえることになったのだ。

この時忘れてはいけないのが、この商品は赤ちゃんが他社の商品を使用した時よりもよく眠れることを実証して、なぜそう言えるかという根拠を有していたこと。中国人のお母さんが紙オムツに関してというよりも、そもそも子育てにおいてなにを気にしているのかをしっかりつかんだこと。そして赤ちゃんがよく眠ることができれば、それは良いことだという感情は、中国人でもお母さんでもない私でも持つことができることだ。商品と生活者、そして両者を結ぶ関係性に妥当性があること。突拍子もない話ではなく、企画を進める本人が納得できる内容であることが、広告によるイノベーションでは大切である。

Chapter 4

これからも変わり続ける

広告効果のタイムリーな見える化を実現する

広告主はクリエイターではない。広告主に求められるのは、感覚や発想といったものではなく、誰がやっても再現可能であり、次にやっても高い確率で成功を期待できる様な活動だ。単なる思いつきやまぐれでヒットさせるのではプロフェッショナルとは言えないし、その様なマーケティング活動では経営陣や株主から支持を得ることはできない。素晴らしい企画を高い精度で継続的に実現していくことが求められるわけだが、そこで肝となるのが、実施した広告活動内容の振り返りである。いわゆるPlan・Do・Check・Actionにおける、Checkと次へのActionをしっかりと行うことで、なにがうまくいって、なにがうまくいかなかったのか、今後どの様な改善を行う必要があるのかを考えることができる。

トヨタ生産方式の主要な考え方のひとつであるカイゼンはあまりにも有名だが、業務を遂行する現場の人間が少しでも無駄をなくし、効率的な取り組みにしていくことは、企業全体を強くする。だからこそ、広告業務を遂行する現場の人間が少しでも無駄な広告を止め、効果的な広告を効率的に実施していくことで広告の成功率を高めることが必要である。そのためには、広告活動の振り返りを重ね、なにが無駄であり、なにがうまくいくのかという知見を貯めていかなければならない。ただし、ここで問題が生じる。それは、広告活動のなにが効果があったかが単純には分からないことだ。

長年、広告の世界において、広告活動の振り返り、つまりPDCAのCとAは遅れを取っている。かつて、アメリカの百貨店経営者であるジョン・ワナメーカー氏は「広告費の半分が金の無駄遣いに終わっていることは分かっている。分からないのはどっちの半分が無駄なのかだ」という言葉を残したが、それから1世紀が経っているものの、いまだに広告効果の振り返りは十分にできているとは言えない。日本を代表する広告主が集まる場でも、広告効果測定は目下の課題であり、十分に手が打てているという企業はなかった。また多くの広告宣伝部の部長たちが直近の業務課題として、広告効果の振り返りを挙げている。これほどニーズが顕在化しており、かつ100年以上も求められているにも関わらず、どの企業も十分な解を出せずにいる。この様な現状にも関わらず、広告主はいまだに広告効果の振り返り実現のためへの投資には積極的にはならずに、広告の企画（P）と実施（D）の方へとほとんどの予算を投じてしまっている。Plan と Do に労力をかける一方で、Check と次なる Action が曖昧なまま、広告活動はある意味「やりっぱなし」で終わってしまっているのだ。

仮にあなたが自社の株主総会に出席して、株主からあなたが担当しているブランドの広告活動のＲＯＩの説明を求められたら、なんと説明するだろうか。広告は費用ではなく投資である。投資である以上、上場している会社では投資のリターンを説明する責任がある。つまり広告の効果を説明しなければならない。しかし広告効果をしっかりと説明できる企業は少ない。ただ、少ないとは言うものの存在はする。少数ではあるが、広告活動を振返り、その効果を株主へ説明しているのだ。この優秀な少数派に、自分の企業を仲間入りさせる必要がある。それには、社内の同僚や上司、他部署の関係者に説明する様なレベルの資料ではなく、経営陣や株主といったステークホルダーが聞いても納得できる、広告活動の効果の証明が必要となってくる。広告キャンペーンの好感度がどうだとか、テレビＣＭの認知率がどうだとか、ＰＲの露出件数や広告換算値がいくらだとか、そんなものを経営陣や株主が聞いても納得することはないだろう。企業のアニュアルレポートや決算資料に入っていてもおかしくない指標で広告効果を証明しなければ、彼らの納得を得ることはできない。

まず我々がやるべきことは、社内で広告をどう位置付けるかを決めることだ。広告宣伝部だけでなく、経営陣や他部署も含め、その会社の広告の目的を整理すること。その上で事業活動の最終ゴールから逆算して、どの指標がその最終ゴールに貢献するのか、どの指標なら広告活動が主として関与できるのかというふたつの視点を持って、広告効果を証明する指標を定めることだ。たとえば売上が最終ゴールだとして、売上に貢献できる、かつ広告活動が主として関与できる様な心理変容を、広告活動のＫＰＩとするのだ。

私たちは早急にこうした指標を見つけなければならない。簡単には見つけられない指標だろうが、そこに時間も予算も投資して見つけなければ、自分たちがやっていることの成果を目に見える形で証明することはできない。そうなると、あなたやあなたの部署全体の査定が高くなることはない、といった部分的な問題だけでなく、ブランド戦略として現在やっている活動を今後も継続するのか、さらに拡大していくのか、もしくは縮小していくのか、中止し変更するのか、といった必要な決断をすることができなくなるという大きな問題を抱えてしまうことになるのだ。

図表5

事業の最終ゴールから逆算して
広告評価を証明する指標を決める

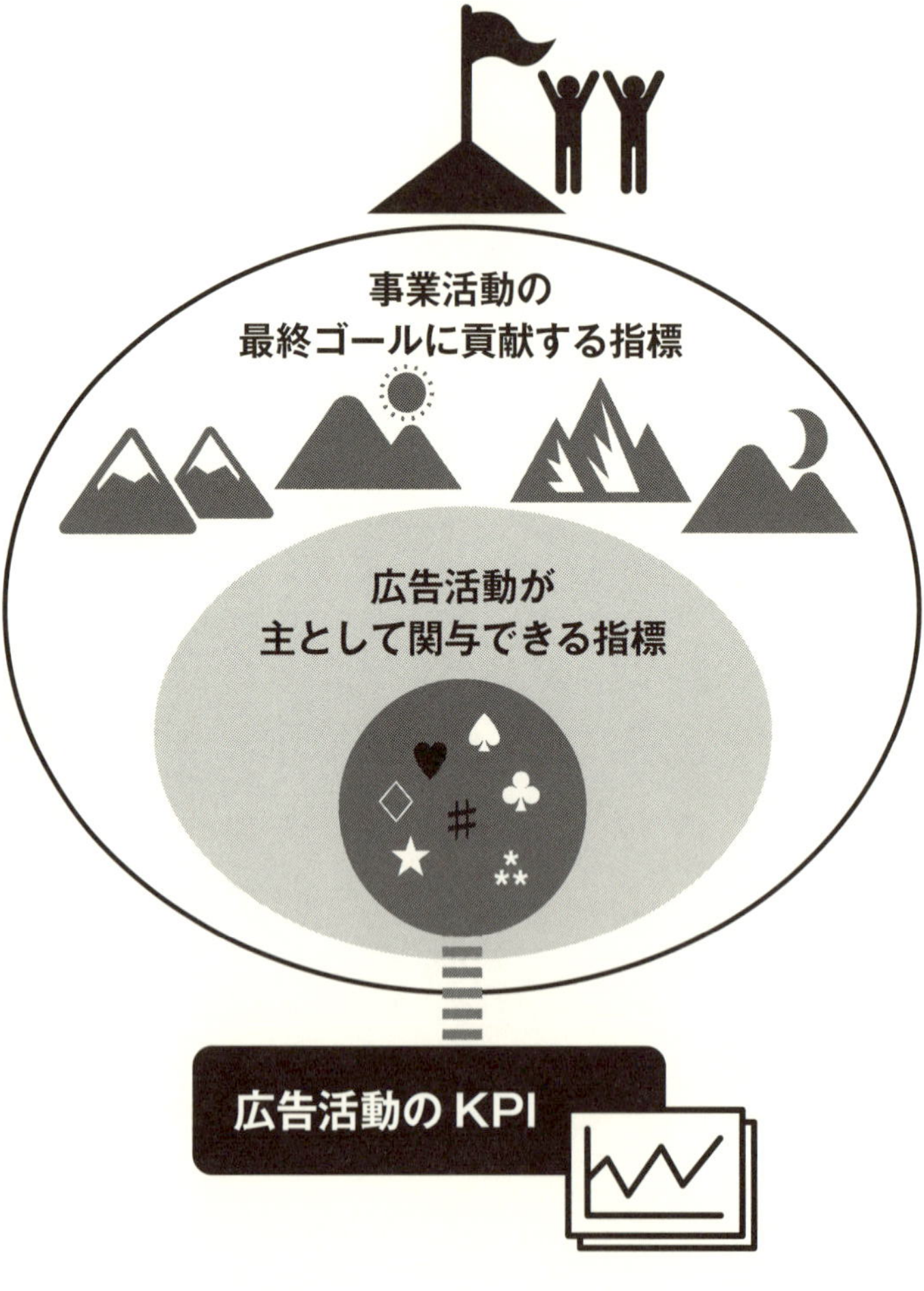

外資系の広告主は、そのほとんどが広告効果を証明する指標を定めている。指標を定めることで、判断がブレることなく企画を遂行することができる。またその指標で広告活動の振り返りを実施することができる。その指標において数値が高く出れば、当然その担当者の評価も上がるし、パートナー企業の評価も同様に上がる。次の打ち手の判断も比較的容易にすることができる。おそらくその指標に良し悪しはあるだろうし、彼らの定めている指標が100%正しいかどうかは分からない。しかし指標に正解などないのだから、指標をどれにするかは結局のところ「決め」の問題である。だからこそ、その企業にとってステークホルダーを納得させることができる指標をいち早く定めることだ。売上や利益率、シェアといった事業活動の成果を振り返る指標がある様に、広告効果の指標をどれにするかを決めること。そのためになんらかの調査が必要であれば、積極的に投資して実行すべきである。意味があるのかないのか分からない広告枠に出稿してお金を払うくらいなら、広告効果を証明する指標を発見すること、継続的に測定していくことに投資をしていった方がはるかに価値がある。

残念ながら、長い間広告主も広告代理店も広告効果の見える化を怠ってきたと言うしかない。広告という産業が生まれてから何世紀も経っているはずなのに、そのビジネスの成果を明確に語ることができない。特にテレビＣＭをはじめとするマス広告の効果は明確ではない。広告ビジネスの成果を測る指標を明確にせずに、曖昧に売上という指標にのっかってきてしまったから、広告をしてもなかなか売上が上がらない時代に突入すると、とうとう広告をやる意味があるのかといった意見が各所から言われるようになってしまった。これまで広告効果を証明してこなかったツケが、今やっと回ってきたのだ。その結果、広告効果を証明できない広告活動から、売上に直結する様な店頭でのプロモーションや、コンバージョンへの寄与が分かりやすいウェブ広告といったものに予算が奪われてしまっている。もちろん店頭プロモーションやウェブ広告へ必要に応じて予算を投じることに問題はないが、ただマス広告の広告効果を証明できないから、仕方なく予算を流してしまっているのも現状である。

広告というビジネスに携わる以上、広告史に残る様な良い広告を作ったとか、大きな話題になった広告を実施することができた、といった曖昧な「成果」を言うのではなく、ステークホルダーが納得し得る指標に関して数字で語れることが必要だ。だからこそ、ブランドのゴール指標と相関があり、広告活動が主として貢献できる数値化可能な指標を定めること。たとえばブランドのマーケティング目標が売上だとするならば、そのブランドの売上と相関のある、広告活動が主として貢献できる指標はなんなのかを探すのだ。結果的に純粋想起率が強い相関があると分かったなら、純粋想起率を広告効果を証明する指標と定めればよいのだ。ステークホルダーには、純粋想起率を上げれば売上が上がることを説明すれば良い。そしてもし売上が目標を下回ったとしても、純粋想起率が目標を上回っていれば、広告活動としては問題がなかったと言えるのだ。

売上を構成する要素は広告だけではない。たとえば生産が間に合わずに、需要はあったのに供給ができずに売れなかったかもしれないわけで、広告活動がうまくいったのに売上が上がらないということはあり得るのだ。こうしたことをしっかりと整理しておけば、売上が目標に到達しなかった時に、「広告のせいだ」と言われても反論ができる。今までこうしたことを丁寧にしてこなかったから、ブランドの売上状況が良い時は広告の存在は忘れられ、ブランドの売上状況が悪い時はすぐに広告がやり玉に挙げられてきたのだ。売れると現場が褒められ、売れないと広告が怒られるという図式である。

指標を決める時に注意しなければならないのは「広告活動が主として貢献できる」という点である。欲を言えば広告活動しか貢献することのできない指標がベストだが、それはなかなか存在しないため「主として貢献できる」という言い方にしている。たとえば売上という指標があるが、これは広告効果を証明する指標としてはふさわしくない。私は「広告で売ることができる」と述べてきたが、だからといって広告の効果を証明する指標として、売上を挙げることには反対である。売上を構成する要素はあまりにも多岐にわたるからだ。マーケティング活動には4つのPが存在し、広告はPromotionに属するわけだが、この時点ですでに4分の1の存在である。また広告と接したタイミングと購入のタイミングは異なる場合が多く、購入の最終意思決定要素を占める割合が100％広告だというケースも考えられない。商品の陳列の仕方やセールというものも購買の決定要素になるからだ。ほかにも営業戦略も変数として存在するだろう。自社の商品の中でもこの商品を売ればなんらかのインセンティブがあるとなれば、その商品の売上は高くなる可能性が高い。もしくは気候に左右される商品であれば、気候によって大きく売上が上がったり、下がったりする可能性もある。この様にちょっと考えただけでも売上に寄与する変数は複数存在するわけである。だからこそ広告で売上を上げることは可能ではあるが、広告の効果を証明する指標にするのにはふさわしくない。売上はマーケティング活動のひとつのゴールではあるが、広告活動としては別のゴールを作るべきだ。ブランドの最終ゴールとの因果関係、もしくは相関関係のある広告のゴールを設定するのだ。

広告のゴールは商品の特性によって変わるだろう。インターネットによる購買が中心なものと、店頭での購買が中心なものとでは、設定する広告のゴールは変わるだろうし、高額な商品と安価な商品とでも違いがあるはずである。また新商品とロングセラーでも違いが存在するだろう。企業によっても広告に対する考え方は違うので、企業ごとに違った広告のゴールが設定されるべきである。

ただ、やるべきことはブランドの最終ゴールと最も相関関係の高い、もしくは因果関係がはっきりしている指標を見つけることだ。インターネットによる購買が中心なもので言えば、ブランドの最終ゴールとの因果関係を見つけやすいはずだ。因果関係が見つけにくい場合なら、たとえば先述の例で言えば、最終ゴールを売上に設定しているなら、月もしくはできることなら週レベルで、広告効果の測定指標として考えられそうな指標の数値を取得すれば良い。ブランドの認知率、好感度、純粋想起率、購入意向率、推奨意向率、再購買率、ネットプロモータースコアなど、挙げればほかにもあるだろうが、考えられるだけの指標の数値を定期的に取得するのだ。あとはこの数値と売上との相関関係を調べて、高い相関のある指標を広告のゴールとして設定すれば良い。この確認作業をしっかりとすることで、社内関係者だけでなく、ステークホルダーにも納得してもらえる指標とすることができる。

こうした作業をしなくとも、たとえば生活者のロイヤルティを測る指標としてすでにシリコンバレーのスタートアップ企業は「あなたは家族や友人にこの製品やサービスを進めますか」と聞いて推奨意向を測るネットプロモータースコアを採用しているといった話や、消費財の業界ではもう一度買ってもらえるかが大切であるため「再購買率」が指標として良いといった話は存在する。ただし「そう言われている」ということで指標として採用するのではなく、しっかりと売上などの事業のＫＧＩとの相関関係を裏取りとして把握しておくことで、広告の効果を証明する指標として採用する説得力を増すことができる。

ブランドの最終ゴールとの因果関係、もしくは相関関係のある広告活動の、効果を証明する指標はひとつに絞る必要はない。投資家が企業の状態を把握する際に、売上だけでなく利益率や株価、1株あたりの利益、負債比率、売上利益率、PERなど数えきれない指標を確認するのと同じ様に、広告活動の効果を証明する指標も複数あってしかるべきだ。ただ数えきれない指標があると結局良いのか悪いのか判断しにくいため、2、3個あれば十分だと思うが、ひとつに絞る必要はないということだ。

こうして広告活動の効果を証明する指標を設定するわけだが、これはあくまで広告活動の結果だけの評価である。多くの企業の人事考課において、結果評価とプロセス評価がある様に、広告活動の結果だけを評価するのではなく、プロセスも評価できる様にしておいた方が良い。

広告活動のプロセス評価も、企業や商品の特徴によってその指標は異なってくるだろう。理想を言えば、広告のゴールとして設定する指標との因果関係、もしくは相関関係のある指標を新たに見つけて、それをプロセス評価の指標としたいのだが、プロセス評価に関しては、そこまでしなくても良いと考える。仮に純粋想起率アップという広告のゴールを設定した際、そのためにはアプローチする人数とアプローチする回数を増やし、さらにアプローチした時に印象に残る度合いを高めることが要素として考えられるが、アプローチする人数と回数を増やすには広告予算を増やすことが手っ取り早いわけで、その様な指標を設定しても、プロセスを評価することはできない。

プロセス評価の指標を定める方法として私が提案したいのは、カスタマージャーニーを描いた上で各ポイントでの広告目的を整理し、そのポイントごとで目的の達成を測れるなんらかの数字で表現できるものを指標とすることだ。カスタマージャーニーとは、アメリカの経営コンサルティング会社であるマッキンゼー・アンド・カンパニーが2009年に『The Consumer decision journey』という論文を出したあたりから急速にマーケティングの世界で言葉にされるようになってきているが、要は顧客の購買行動をしっかりとつかんでマーケティングを考えることである。

ちなみに、1920年代にアメリカのサミュエル・ローランド・ホール氏によって提唱されたＡＩＤＭＡも、顧客の購買行動をつかんでマーケティングを考えるものであるわけで、ＡＩＤＭＡ、ＡＩＳＡＳ、ＡＡＲＲＲ、メディアニュートラル、カスタマージャーニーなど、いろいろなワードが存在するが、結局言っていることはただひとつだ。お客様がどの様な経路をたどって購買に至るのか、それを分かりやすくまとめている。だから、カスタマージャーニーだろうが今後新しい言葉が出てこようが、とにかく、自社商品の購買に至るまでに顧客がどの様な行動を取るのかを、その時代に合わせた形で把握することの大切さがいつも提唱されているのだと考えれば良い。

ここでは便宜的に、マッキンゼー社が提唱した『The Consumer decision journey』をもとに、プロセス評価を考える方法を提示したい。ただしカスタマージャーニーに関しては、現在いろいろなパターンが存在しているので、このフロー図でなければいけないわけではない。また、カスタマージャーニー以外の顧客の購買行動を示す考え方を用いても、もちろん問題はない。

『The Consumer decision journey』のカスタマージャーニーには、「トリガー」「初期検

図表❻

マッキンゼー・アンド・カンパニーが発表した『The Consumer decision journey』

②
Consumers add or subtract brands as they evaluate what they want.

①
The consumer considers an initial set of brands, based on brand perceptions and exposure to recent touch points.

③
Ultimately, the consumer selects a brand at the moment of purchase.

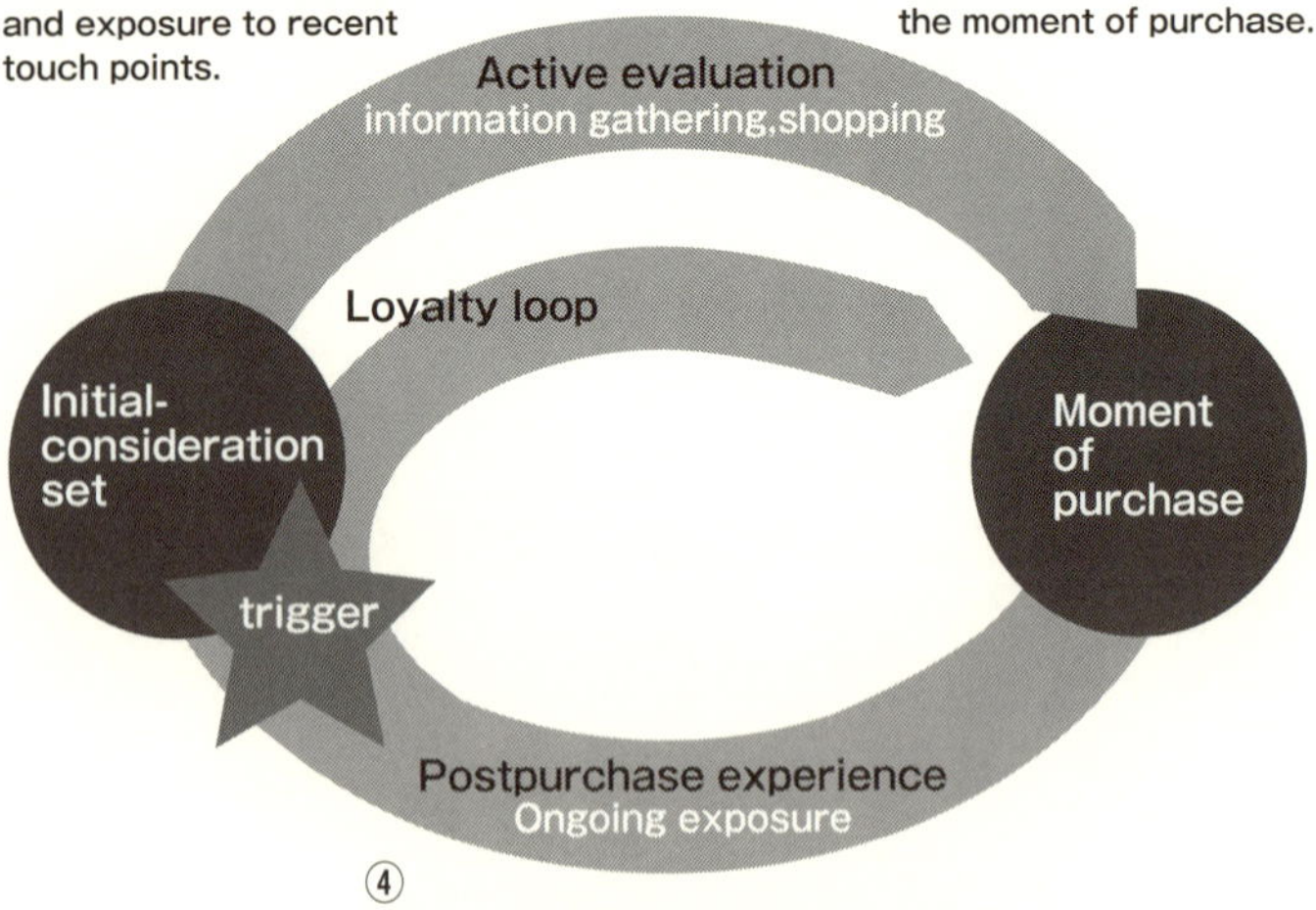

④
After purchasing a product of service, the consumer builds expectations based on experience to inform the next decision journey.

出典：McKinsey & Company

討」「積極検討」「購入」「購入後体験」「ファン化・維持」という6つのフェーズが存在する。その6つのフェーズごとに自社の商品にはどの様な特徴と課題があり、どう解決するのかを整理していく。そしてこの解決策が、それぞれのフェーズごとでの広告の目的になるわけだが、それぞれの目的を達成するためにターゲットとどうやって接点を持ち、どんな態度変容をさせるのかを整理すれば、フェーズごとのメディア選定とクリエイティブの基準を明確にすることができる。6つのフェーズにおけるメディア選定とクリエイティブの基準が明確になれば、後はフェーズごとに数字で出せる指標をプロセス指標とすれば良い。

この時の指標はすべてデジタルで取得できるデータであることが望ましい。あくまでプロセス評価として使うものであり、数値の確かさを追い求めるよりも、早く安く簡単に入手できることの方が有益だと考えているからだ。100%正しい数値を把握することを重視して時間をかけてプロセスを捉えるよりも、ある程度確からしいという数値をもとに打ち手に対する反応が早く安く簡単に分かれば、うまくいっていないのならすぐに軌道修正も可能だし、うまくいっているのならより予算を投下するといった判断もできるようにな

図表7

フェーズごとのメディア選定とクリエイティブの基準を明確にするための整理

フェーズ／自社商品の整理	トリガー	初期検討	積極検討	購入	購入後体験	ファン化・維持
特徴						
課題						
解決方法						
接点						
態度変容						

る。そうすれば期末に広告予算を使い切った後で結果駄目だったという結末を迎える様な事態を避けることができるはずだ。

話はそれるが、正確性を求めすぎるが故になにも行動できないという企業は多い。正確性を完成度と言い換えても良いだろう。正確性や完成度の高いものを追い求めるばかりに時間がかかり、結果として世界の競合企業に先を越されてしまう。石橋を叩いているうちに、他社はもう橋のずっと先まで行ってしまっているのに、自分たちはまだその石橋すら渡れていないという状況だ。

インターネットの誕生により、ビジネスのやり方は大きく変わってきている。かつては、正しい情報に基づいて完成度の非常に高い商品を発売するというスタイルが主流だったが、今はそうではなく、未完成でも小さく始めて、生活者のフィードバックを得ながら、高速回転で改善していくことで商品を完成させていくというスタイルの企業の方が成功している。いわゆるβ版と呼ばれるものが市場に出てくるようにもなった。完成度の高いものを初めから作って世に出すのではなく、8割程度の完成度かもしれないがそれを市場に出して、市場の反応を見て修正して商品を完成させていけば良いという考えなのだ。情報に関しても同じ考え方を適用できる。そもそも世の中に100％正しい情報などあるかどうか分からないのだから、ある程度の正しい情報で意思決定していくしかない。そもそも統計学には「確からしさ」という言葉が存在するし、統計データには信頼度が何％だという注記が添えられているものであり、100％正しいというデータなど存在しないという「前提」がある。アンケート結果だって回答者が100％正しいことを言うはずがない。このことからも100％正しい情報をつかんでから意思決定するということが非現実的なことが分かる。

どのくらいの確からしさで良いのか、完成度で良いのかということで言えば、理想は8割程度だろう。これは、「8対2」や「80対20」という形で多くの人が耳にしたことがあるであろう、パレートの法則を参考にすることができる。イタリアの経済学者ヴィルフレド・パレート氏が発見した法則で、全体の大部分（8割）は、全体を構成するうちの一部の要素（2割）が生み出しているという考えである。この考えを応用してみると、全体の8割を達成するために必要な時間は全体の2割で済むことが分かる。一方で全体の8割から10割にする（つまり残りの2割を達成する）には、8割の時間を要することになる。分かりやすく言えば、2時間で80％正しいことが分かるのに対して、100％正しいことが分かるのにはあと8時間を要するということだ。自社しか世の中に存在しないのであれば、残り8時間をかけて100％を目指すのも良いかもしれない。しかし実際にはビジネスには競合企業が存在する。競合はその8時間の間に攻勢をしかけてくる。麻雀と同じ様に自分の手元のパイだけ見ているのでは、ほかの人に「あがられて」負けてしまうのだ。

パレートの法則だけでなく、経済学の収穫逓減の法則も参考にすることができる。生産要素を増加させると生産量は多くなるが、ある時点を過ぎると生産要素を増加しても生産量の増加分が小さくなるというものだ。つまり情報の確かさを求めたとしても、ある程度の確かさを過ぎれば、それ以上労力をかけて確かさを求めてもそれほど確かさは上がらないことを意味する。そんなところに労力をかけるよりも他社よりも早く行動し、改善に改善を重ねることの方が、このスピード競争の経済環境で勝つためには必要である。決算書にも四半期ごとの報告書がある様に、売上を把握する時に月別の売上数値を把握している様に、広告も実施している期間で軌道修正ができる様な振り返りをする必要がある。

ただ、広告実施期間はそれほど長くない。特にテレビCMは短ければ1週間でオンエアが終了してしまう場合もある。だからこそ、早く安く簡単に数値を取得することが大切である。振り返りを実施してから1、2ヶ月後に外部から広告効果を振り返るレポートが提出されてきたとしても遅い。その時にはテレビCMもオンエア期間が終わっているだろうし、広告キャンペーン自体が終了してしまっているだろう。なにも手を打つことができずに、ただ結果だけを受け入れざるを得なくなってしまう。これでは博打をやっているのと変わらない。早く安く簡単に広告効果を測るためには、外部の事後調査をしているわけにはいかない。リアルタイムに広告に対する反応値を知りたい。そのために、デジタル上で取れる数値が有効なのだ。

なんらかの広告活動を実施すれば、その「刺激」を受けた生活者はデジタル上で「反応」を起こす。たとえばツイートをしたり、ブログを書いたり、その商品のホームページを見にいったりする。そうした「反応」は、広告に触れてから時間が経って起こるのではなく、広告に触れた瞬間から起こる。今やアニメ映画の再放送をテレビ番組で見ている最中に有名なセリフが出てきたら視聴者が一斉にそのセリフをツイートする時代である。テレビ番組の下部には常に視聴者からのツイートがリアルタイムで表示もされている。今まではお茶の間にあるメディアはテレビのみの1スクリーンだったが、現在はスマートフォンやタブレットなどもリビングに存在し、テレビを見ながらスマートフォンやタブレット、人によってはパソコンを触っているマルチスクリーンの時代だ。テレビCMを見た直後にその商品に興味を持てばスマートフォンでなんらかの行動を起こす生活者が存在しているのだ。またテレビという広告媒体に限った話ではなく、街中でイベントが実施されているとしたら、その会場でもほとんどの人がスマートフォンで様子を撮影しSNSにアップしている。たとえばバチカン市国のシスティーナ礼拝堂でローマ法王が決定される時に白い煙が立ち上るのだが、2013年にその煙を見るために集まった人たちはその煙が出てくるところを見ながら、同時にスマートフォンを向け、歴史的瞬間をSNSで発信しようとしていた。こうした光景はもはや当たり前であり、街中の広告でも電車の中吊り広告でもおもしろいと思われた広告は同じ様にスマートフォンで撮影されSNSにアップされる。これらの行動は一部の人の特殊なものではなく、今の生活者の普通の姿である。

もちろん100%全員が広告に触れてSNSに情報をアップしたりホームページにアク

セスしたりするわけではない。そのため広告とデジタル上でのこうした「反応」の因果関係や相関関係の証明は難しいが、それでも肌感覚でこうした反応が生じていることは分かるはずだ。そうであれば、広告を実施している間のデジタル上での反応を、ある程度確からしいものとして、広告効果の振り返りのプロセス評価指標として活用できるはずである。テレビCMを出稿している期間のホームページのアクセス数や伝えたいメッセージがSNS上でどのくらい多く投稿されたかなどを見れば、テレビCMに対する反応値をおよそつかむことができる。100％正しいテレビCMの効果ではないかもしれないが、効果をタイムリーに振り返る指標にはなり得る。実際にテレビCMの効果をホームページのアクセス数や特定のサイト上での反応をもって証明しようとしている企業は増えてきている。

デジタル技術の発達により、時間もお金もそれほどかけることなく、デジタル上での人々の行動を知ることが可能になってきた。この恩恵を広告効果の分野にも活用するべきである。安く早く簡単に、速報値レベルでも良いので自分たちのやっていることが良いのか悪いのかを大まかに知ることで、次の一手を早く打つことができる。そのためにはデジタルを活用しない手はない。デジタルを活用した簡易調査を実施し、短期的なPDCAを実現していく。そのためには社内やソーシャルなどの外部にあるデータを、集められるだけ集めることだ。

こうして得られたプロセス指標と、先述した広告のゴールとしての結果指標とを合わせれば、たとえば年間など一定期間の広告の効果を証明するものとして関係者に提示することができる。結果指標とプロセス指標のウェイトづけをすれば、総合点も出せるだろう。それを広告活動全体の評価にも、広告担当者の評価や広告代理店の評価としても採用することは可能である。

結果は数字で示すことが大切である。成果はなんとなくのイメージとしてではなく、目に見える形で提示しなければならない。数字で語ることによって成果は明確になり、評価する側も評価しやすくなる。たとえば世界的に有名な画家であるピカソとゴッホの２人の違いからも、数字で語ることの大切さを感じることができる。２人とも時代を超えて知られている偉大な画家ではあるが、２人の決定的な違いは、ピカソは裕福だったのに対してゴッホは貧乏だったということだ。この違いが生まれた理由のひとつに、ピカソは自分の作品の価値を数字で語ることができたという。自分が描いた絵がいくらであり、その理由はなぜなのかを話すことができたというのだ。もちろんそれで買うか買わないかは別だが、注目すべきは絵画という芸術作品でさえもその評価を相手に委ねるのではなく、作者自らがその価値を数字で伝えていたということだ。そもそもなにかを主張する時には、主張の根拠として客観的事実を具体的に示さなければならない。事実の裏打ちがなければ主張に説得力を生むことはできない。数字は事実である。自分の取り組みの良し悪しをなんとなくのイメージではなく、数字で語ることは有効なのだ。藤田田氏の著書『ユダヤの商法』でも、ユダヤ人は数字で語ることが紹介されている。そして上場企業で出世する方の多くも、数字で語ることの大切さを説いている。

広告活動も例外ではない。広告効果を数字で語る努力を怠るわけにはいかない。まだまだ日本企業の多くは、広告実施後、特にテレビCM投下後に、外部の調査会社を活用して、テレビCMの認知率や好感度、購入喚起を確認しているところが多いが、デジタルデータを活用して、即時的に広告の反応をつかんで対応しようとしている企業も、少しずつ増えている。Facebookやtwitter、価格ドットコムなどにおける生活者の声を拾い、広告で伝えたい内容に対してどのくらいの声が出ているのかを毎日チェックし、それを他社と比較している。それにより、広告実施のタイミングと通常時でどのくらいの違いが出たかを数字で把握している。

こうしたデータを取得できる様になれば、個々の広告活動の貢献度を定量化することも可能になってくる（アトリビューション）。そのデータが蓄積されれば、限られた予算のうち、どの広告活動を厚くして、どの広告活動を取り止めるべきだという予測も可能になる（オプティマイゼーション）。オプティマイゼーションは人間ではなく、人工知能（AI）が担っても良いだろう。今や経営判断材料をAIに委ねる日本の大企業が存在している時代である。予算の最適な使い方をシミュレーションできるようになれば、最適な予算の再配分も可能になってくる（アロケーション）。これらはすべてデジタルデータの取得によって可能になる。

デジタルデータは安く早く簡単に取得でき、短期的なPDCAを実現するだけでなく、中長期的に見れば高度な広告活動を実現する基盤にもなり得るのだ。実践したことを振り返り、その結果から次の手を打つというサイクルを繰り返すことで、他社よりも優れた学びを得ることができ、競争に打ち勝つことが可能となる。特に先の読めない時代だからこそ、こうした現実から学びを得ていくことが、勝つために必要なのである。

図表8 広告活動の結果指標とプロセス指標

広告の効果を証明する指標

ブランドの最終ゴールとの因果関係があるもの・相関関係の高いもの

例）ブランドの認知率、好感度、純粋想起率、
　　購入意向率、推奨意向率、再購買率、
　　ネットプロモータースコア　など

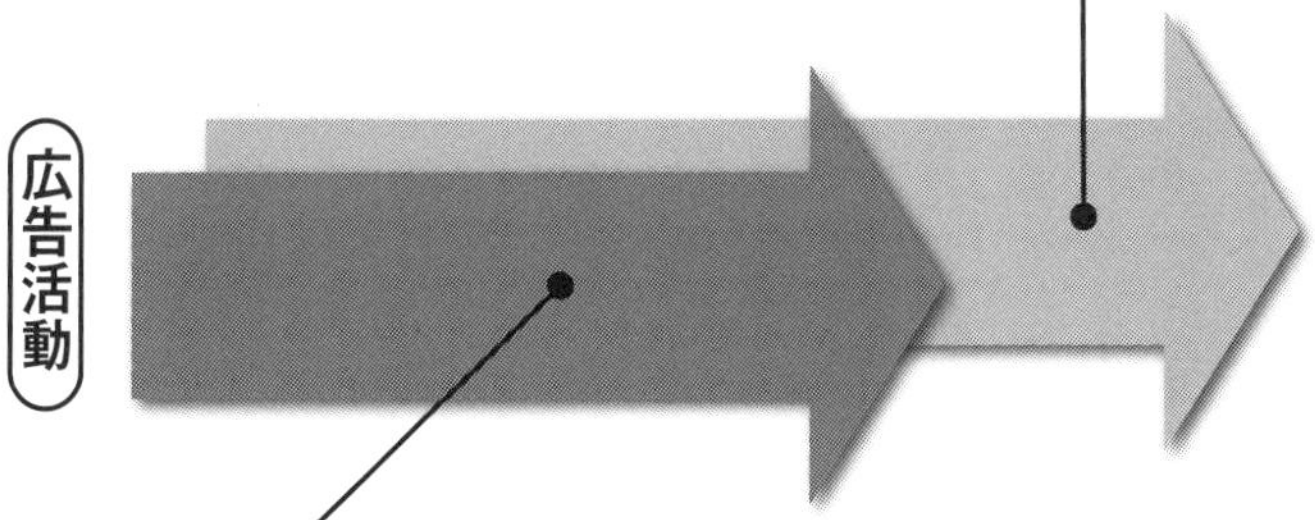

広告効果の振り返りのプロセス評価指標

広告活動による生活者の反応

例）TVCM 出稿中のホームページのアクセス数、
　　SNS での関連投稿、ブログなど

クリエイティブの成功の法則を見つける

もう20年くらい前の話になるが、経営の分野でナレッジマネジメントが叫ばれた。人に依存している知恵やコツ、経験、カンといったものを、その人だけでなくほかの誰もが知ることで、全員が高いレベルの仕事をできる様にする。専門的な言い方をすれば、企業に潜む暗黙知を形式知にすることで、企業のサステナビリティを実現せよというものだ。

暗黙知はほかの人には見えない経験や知恵などであるが、広告のクリエイティブは、いまだ暗黙知の領域にあると言える。広告のクリエイティブは、あまりにもクリエイター個々人に依存してしまっている。当然クリエイティビティがお金を支払う対象になっているのだから、クリエイターがどんな広告のクリエイティブを提案してくれるのかを期待するのは良い。だからといって広告主はクリエイティブをクリエイターに頼りっきりではいけない。なぜならオリエンテーションをしてからプレゼンテーションが行われるまで、いったいどんなクリエイティブが提案されるのか分からないほど怖いものはないからだ。蓋を開けたらつまらない企画ばかりだったらどうしようもない。そこからまた企画を練る時間がどれだけあるかも分からないし、だからといってつまらない企画から仕方なく消去法でひとつの企画を選ぶわけにもいかない。芸術であれば納得のいく作品ができるまで時間をかければ良いが、広告はそうはいかない。商品を訴求したい時期は決まっており、社内の各部署に決められた様々な期限に合わせて広告内容を説明する必要がある。そこから逆算し、レポートラインに広告内容の承認を得なければならないわけであり、広告実施までの間にいくつもの納期が存在する。そのスケジュールに合わせて広告内容を詰めていかなければならない。結果的に時間内のベスト、つまり相対的なベスト、絶対的にはベターな企画を追い求めることになるのだが、そうした制約のある中でもなんとか絶対的なベストを実現していきたい。そのためには、クリエイティブが生まれるまでをブラックボックスにして「お任せ」にしてしまってはいけない。

広告のクリエイティブを、クリエイターに頼りっぱなしにする状況を変えなければならない。知らないクリエイターならその人の力量は分からないし、知っているクリエイターだったとしても、今回もベストなアイデアを出してもらえる保証はない。そうした中でなんとか成功する企画を用意したい。用意できなかった時、提案する側も困るかもしれないが、一番困るのは広告主だ。期限までに納得できる広告案を用意することができなければ、商品の売上に影響を及ぼしてしまう。その責任は、当然広告代理店ではなく、広告主の広告宣伝を担当する部署が負うことになる。だからこそ、広告クリエイティブのアウトプットをお任せにしていては危ないのだ。

広告クリエイティブのアウトプットに関与するといっても、クリエイターと一緒になって、もしくは広告主が彼らに代わってクリエイティブ案を考えるということではない。もちろん場合によっては一緒に考えれば良いが、広告主はクリエイターではない。広告主がクリエイティブの詳細に口を挟むことは、クリエイターによっては迷惑な時もある。広告主がやるべきは、クリエイターが考えやすい環境を用意することだ。どういう方向性を示せば、どのくらいの時間を確保すれば、どういう判断基準を用意しておけば、最高のクリエイティブが誕生するのかを知ろうとし、そして提供することだ。それがクリエイターだけでなく、広告主も救うことになる。

たとえば、「締め切りは神様だ」という言葉がある。この言葉から、考える時間が長ければ長いほど良いというものではないことがうかがえる。「なんでもいいから好きなことを考えてくれと言われるより、お題を与えられた方が考えやすい」という話もある。「自由に考えてください」という依頼がかえって素晴らしいクリエイティブの誕生に逆効果の可能性があるかもしれない。どんな条件が揃った時に素晴らしいクリエイティブが生まれるのかを知っていれば、広告クリエイティブのプレゼンテーションの日を安心して迎えることができるはずだ。

素晴らしいクリエイティブが生まれる条件を探る前に前提としておきたいのは、広告クリエイティブを生み出すのは、一部の人の特別な能力ではないということだ。私たちが対象としているのは芸術ではなく、ビジネスとしての広告クリエイティブであり、訓練すれば誰もが実現できる「ビジネススキル」である。広告クリエイティブというのは、世界の一握りの天才しか活躍できない領域ではない。そうでなければ大手広告代理店1社だけで1000人ものクリエイターが在籍できるはずがない。訓練可能なスキルだからこそ、クリエイティブを生み出すことに関する書籍はすでに多く出版されている。どの様にすれば素晴らしいクリエイティブを生み出すことができるかは、すでにまとめられているのだ。こうした前提を知っていれば、広告主が自らクリエイティブを考えないにしても、どういう条件が揃えばベストなクリエイティブを実現しやすくなるのかを知ることはできるはずだ。

すでに述べたが、クリエイティブの素となるアイデアとは、なにかとなにかの掛け合わせである。さらにこのアイデアは、考えて考えて考え抜いたあげく、ふとした瞬間に「降ってくる」ものだ。考えたからといって「降ってくる」わけではないが、ある程度の期間考え続けなければ「降って」はこない。そしていつ「降ってくる」かと言えば、締め切りが近づくと「降ってくる」。アイデアが「降ってくる」場所は大体「三上」と呼ばれており、馬上《ばじょう》、枕上《ちんじょう》、厠上《しじょう》の3つであるようだ。馬上とは移動中のことであり、枕上とは布団に入っている時、そして厠上とはトイレにいる時だ。この3つの場所以外は「降ってこない」のかといえばそうではなく、たとえばお風呂というのもよく言われる場所だが、要は机に向かって考えようとしている時ではなく、考え抜いた後にその問題を一度忘れてリラックスしている時にアイデアが生まれることは、帰納的に「証明」されている。

また生み出したアイデアを思い切って壊すことでさらに良いクリエイティブアイデアを

生むことができるとも言われている。せっかく生み出したアイデアだが、それに固執することなく、壊すことでより完成度の高いクリエイティブを生み出すことができるという。スティーブ・ジョブズ氏は、スタンフォード大学で行った有名なスピーチの中で、「death is very likely the single best invention of life. It is life's change agent.」と語った。死はおそらく生命の最高の発明であり、生物を進化させる、というような意味であるが、この話をクリエイティブの進化に当てはめれば、死とはアイデアの破壊を意味するだろう。一度考えたアイデアに固執することなく破壊することで、より良いアイデアを生み出すことができるようになる。ざっと述べただけでも、クリエイティブ誕生の「夜明け前」にはこの様なポイントがある。こうしたことを知っていれば、プレゼンテーションまでにどのくらいの期間を用意すべきか、プレゼンテーション日の前に何回打ち合わせの場を作った方が良いのかなどを考えることができる。もちろん正解はない。ただし、こうしたことを意識するだけでも、素晴らしい広告クリエイティブに出会える確率を上げることができるはずだ。

またクリエイティブアイデアを生み出すステップよりさらに踏み込んだ形で、クリエイティブの表現について学問としてまとめている方もいる。すでに紹介した佐藤雅彦氏は、CMプランナーになる際に「作り方を作る」というテーマを掲げ、素晴らしいテレビCMの表現を作る方法をまとめられた。たとえば「ドキュメント・リップシンクロ」と名付けられた表現方法は、実際に日常に行われている様な状況でテレビCMの出演者本人が商品メッセージを話して伝える方法だ。こうした表現方法を彼はいくつもまとめ、それを実際の仕事に適用して数々のヒットCMを手がけられた。その表現方法について大学で「表現方法論」という授業も持っていた。私も学生の頃に受講したが、学生の私でも非常に分かりやすく、今でもその頃の方法論を覚えている。こうした表現方法に関しても、クリエイター個人の発想に任せるのではなく、成功の法則を探ろうと思えば探ることができることが分かる。もちろん方法論をクリエイターに押し付ける必要はないが、彼らがベストなアイデアが生み出せない時に、こうした表現方法を知っておけば、解決の糸口を示すことができるかもしれない。

最終的なクリエイティブの良し悪しの判断は生活者に委ねようという意見はあるだろう。だからといって、成功のシミュレーションをすることなく、えいやで広告物を世の中に出すわけにはいかない。少しでも成功の確率を上げるために、どういう点を押さえれば生活者に「効く」広告にできるかを考えることを怠ってはいけない。たとえばすでに効果のあるクリエイティブに関しても研究が進んでいる。ケルン大学のベルナー・ラインアーツ氏とペーター・サファート氏の論文『Creativity in Advertising: When It Works and When It Doesn't』では、広告におけるクリエイティビティの要素を5つに分解し、それらと売上との相関を調べている。

彼らは、「独創性」「フレキシビリティ」「精巧さ」「統合性」「芸術的価値」という5つの要素のどれが最も売上に貢献するのか、またどの組み合わせが最も売上に貢献するのかを明らかにしている。この5つの要素は、インディアナ大学のロバート・スミス氏が、広告におけるクリエイティビティとして2000年代初頭に考え出したものである。「独創性」は、その言葉通り陳腐なものではなく、ほかに例を見ないものである。「フレキシビリティ」とは、多彩なアイデアが盛り込まれて、それが商品に結びつけられていること。「精巧さ」は、細部描写がなされていること。「統合性」は、普通なら関係のないものや概念が結びつけられていること。そして「芸術的価値」とは、これも文字通り作品としての芸術性があり、美的な訴求力のある視覚表現や言葉を含んでいること。これら5つの要素のうち、「精巧さ」を兼ね備えたクリエイティブが最も売上に貢献する。また全部で10通りある組み合わせのうち、「独創性」と「精巧さ」を兼ね備えたクリエイティブが最も売上に貢献するのだという。同時に多くの広告主は「フレキシビリティ」と「精巧さ」を組み合わせた広告を実施しているが、この組み合わせは最も効果の低い組み合わせのひとつであることも述べられている。最も効果の高い「独創性」と「精巧さ」の組み合わせは、「フレキシビリティ」と「精巧さ」の組み合わせと比較して、売上増大効果は2倍の違いがある。また商品カテゴリーによってもこうした5つの要素を含んだクリエイティビティの売上増大効果が異なることも明らかにされた。たとえば、ボディ・ローションやフェイシャル・ケアのカテゴリーでは、クリエイティビティを高めることは売上にマイナス効果が出た。しかし、同じ消費財でもシャンプーや洗剤のカテゴリーでは、クリエイティビティを高めることで売上増大効果を期待できることが分かったという。

広告主はこうした研究結果の存在をしっかりと認識しておくべきである。広告をしようとしている商品がどの様な広告を実施すれば良いのかを知っているのとそうでないのとでは、結果に大きな違いが出る。広告主もクリエイティブの誕生に力を尽くさなければならない。自分が一緒に仕事をしているクリエイターが世界で最も優れたクリエイターかどうかも分からないのに、その個人にすべてを託すのは、クリエイターを信頼しているのではなく、無責任な仕事の取り組み方だといえる。

広告には大きく、メディアとクリエイティブのふたつが存在する。メディアはいかに効率よく人に届けるかがポイントであり、ターゲット1人にどれだけ確実に、そして安くアプローチできたかを追い求める。結果は数字で出てくることが多く、比較的成功するためのやり方はシミュレーションしやすい。一方クリエイティブは、その良し悪しを判断することが難しく、またメディアの様にすでにあるものから選択するのではなく、新しく生み出さなければならないため、成功するためのシミュレーションをすることは難しい。だからといって広告主は、このクリエイティブを疎かにするわけにはいかない。

先述のケルン大学のベルナー・ラインアーツ氏とペーター・サファート氏の論文『Creativity in Advertising: When It Works and When It Doesn't』において、優れたクリエイティブは広告効果に貢献することが実証されている。また肌感覚でも、優れたクリエイティブこそが広告効果を最大化すると感じることはできるはずだ。どれだけ素晴らしいメディア展開を企画したところで、そこに載せるものがつまらないクリエイティブだったとしたら、その広告に接触した生活者はかえってその商品のことをネガティブに捉えるだろう。仮にメディア展開の企画が不十分だったとしても、クリエイティブが非常に優れていれば、生活者の方から自ら検索して、その広告物に接触してくれる。こうしたケースは特にインターネット、そしてSNSが発達してから日常的に起こっている。そう考えれば、クリエイティブの重要性は理解できるだろうし、そのクリエイティブの企画をクリエイターに「丸投げ」することなどできない。クリエイターを尊重するのは良いが、だからといってすべて「お任せ」というのは広告主としてクリエイティブの完成度に対して責任を放棄しているのと同じである。

ビジネスとしての広告クリエイティブは、ある程度コントロールできる。コントロールできるからこそ、それに気づいている企業は素晴らしい広告を生み続けることができる。カンヌライオンズ国際クリエイティビティ・フェスティバル祭において、講演する広告主の顔ぶれは毎年それほど変わらないし、日本でも素晴らしい広告を実施できる企業はほとんど毎年同じである。一方でいつもあの会社の広告はつまらない、というのもあるだろう。素晴らしい広告を出す企業は、たまたま運がいいだけなのだろうか。たまたまその時々の「当たっている」クリエイターと仕事をしているだけなのだろうか。そんなことはない。なにもしていないわけがない。いつも活躍しているプロスポーツ選手が、マスコミが取り上げないところで血のにじむ様な練習をしているのと同じで、常に高いクリエイティブを実現している広告主は、ほかの広告主が知らないところで、高いクリエイティブを実現するための努力をしているのだ。

たとえば外資の日用品メーカーでは、その企業内で、どういうクリエイティブを良いとしているかを明確にしている。そしてプレゼンテーションを受けた際に、個人の好き嫌いに偏ることなく、全員がその視点でクリエイティブの評価をできるようにしている。かつその視点は広告代理店にも共有されており、関係者全員が同じ物差しでクリエイティブを評価する。全員が同じ方向を向いているので、現状の案をさらに良くしていく動きを全員でとることができるのだ。また、クリエイティブを目指すレベルに引き上げるにはどうしたら良いかのトレーニングもまとめられている。仮に担当者の突然の退職などで担当変更があったとしても、引き継いだ人がそのトレーニングを受ければ、問題なく業務を遂行することができる。人に依存していないため、誰が担当しても「一定レベル」を保つことができるのだ。彼らは、社内の人材だけでなく、広告代理店の人材もそのトレーニングに呼んでいる。自社だけでなく、パートナー先の企業とともに、より高みを目指す取り組みを実施しているのだ。たとえば広告代理店をはじめ、社外の関係会社をホテルに集め、自社の広告に関する研修を実施している。広告のプロたちを集めて、広告主が広告の研修を行うことの凄さが想像できるだろうか。ちなみに参加したクリエイティブディレクターは「学ぶことが多々あった」と話している。

ほかにも海外の有名なビールメーカーもこうした取り組みを実施している。彼らは世界中のすべてのブランドのコミュニケーション開発に適用するクリエイティビティプログラムを開発している。こちらも先ほどの日用品メーカーと同じく、どういうものがその企業におけるクリエイティブとしてふさわしいかを10段階で整理している。10段階評価で、最高点は多くの人が死ぬ時でさえも覚えているようなもの、最低点はブランドにとってマイナスに作用するものだ。そして4点以下のクリエイティブなら世の中には出さず、7点以上のものを目指すというルールを定めている。7点以上は口コミされやすいクリエイティブとしている。この基準を世界中の拠点で共有し、こちらもまた社内の人材だけでなく、広告代理店とも共有している。そして高得点のクリエイティブを実現するためにトレーニングスクールを開講し、社内の関係者だけでなく、広告代理店の関係者も招いて、理論と実践の両面からトレーニングをしている。クリエイティブについてのワークショップの様な議論の場を持ったり、自分たちのクリエイティブやそのほかのカテゴリーのクリエイティブについて議論する機会を作ったりしているようだ。こうして相互にクリエイティブを高める取り組みをしているのだが、むしろここまでやっていかなければ、7点以上のクリエイティブは開発できないのだという。

クリエイティブといえばクリエイターの領域であり、広告代理店がクリエイティブ向上の旗ふり役なのだという印象があるが、こうした事例では、決してそうはなっていない。むしろ広告主がクリエイティブ向上のプロジェクトを牽引しているのである。それは決して広告賞を受賞するためではない。彼らは優れたクリエイティブは高いリターンをもたらしてくれるものだと分かっている。だからこそ、クリエイティブを生み出すことをクリエイター個人に任せっきりにするのではなく、誰よりも主体的に、そしてパートナーと一緒になって、真剣に考えているのだ。先述の日用品メーカーでは、オリエンテーションの際に、なにが目的か、なにを伝えたいか、見た人をどう思わせたいかという要素に加えて、どういう表現でやるのか、どういう説明の仕方なのかまで規定しているという。もちろんその通りにやらないと絶対にいけないわけではないが、注目すべきは、ここまで表現についても広告主が主体的に考えているということである。

外資だけでなく、日系企業でも、たとえばクリエイティブのアウトプットのひとつであるシズルの表現を研究し続けている大手食品メーカーがある。食品カテゴリーでは、「おいしい」ということが売上に直結する重要な要素であるため、いかにおいしく見せるかがポイントだ。過去の様々なテレビCMを研究し、どの様な撮り方がおいしく見えるかを、自社なりの方法論で確立している。シズル撮影の時は、広告主が撮影現場をディレクションすることもあるようだ。こうした事例はあるものの、日本の広告主で、先述の海外の日用品メーカーやビールメーカーの様な取り組みまで実施している企業は、ほとんどないだろう。

　だからといって、彼らの真似をしようということではない。ただ大切なのは、ここまで広告主が主体的に動いてクリエイティブを真剣に考えているということを知ることだ。世界の広告物を勉強するだけでなく、その広告物がどういう環境から生まれているのかを知れば、同じレベルの広告を実施することができるはずだ。今分かっていることは、世界のトップレベルの広告物は、誰よりもクリエイティブに主体性を持って取り組んでいる企業の環境から生まれているということ。外部のクリエイターに頼りっきりになるのではなく、少しでも優れたクリエイティブを生み出すために、当事者意識を持って取り組んでいるのだ。

　日本の広告主も、こうした姿勢を見習って損はないはずだ。真似る必要はないと言ったが、こうした取り組みを真似ることも決して悪くはない。そもそも「学ぶ」とは、「真似ぶ（まねぶ）」を語源とする説がある。真似をすることから学びが始まるとも言える。どうしたら良いかを迷っているくらいなら、真似することで最初の一歩を早く踏み出す方が良い。良い取り組みを自社に取り込んで、うまく自社に適用できる形に応用していけば良い。先述のケルン大学のベルナー・ラインアーツ氏とペーター・サファート氏の論文『Creativity in Advertising: When It Works and When It Doesn't』の通り、企業によって最適なクリエイティブは異なる。まずは自社のカテゴリー、そして自社にとって良いクリエイティブとはなんなのかを整理してみることだ。そして整理ができたなら、そのレベルをどうやって実現していくのかを考える。この過程において、パートナー企業の協力を得ることも大切だ。自社だけでなく、一緒にクリエイティブを実現する企業と共に考えることで、素晴らしいクリエイティブを実現できる環境を用意し、常に高い確率で成功するクリエイティブを生み続けることができるだろう。

世界をより良くすることをあきらめない

広告はなんのために実施するのか。それは商品をお客様に買っていただくためだろう。広告のＫＰＩは売上とは別に設定するとしても、最終的なゴールは、売上（もしくはシェアなどの売上に関係する指標）の向上だ。しかし、それだけで満足してはいけない。広告に携わる者は、商品が売れるということの先にある、世の中を動かすことや、文化を作ることまで意識して、業務に携わることを最後に提言しておきたい。

そもそも広告とはなんだろう。私は、広告とは、商品と生活者との間の関係を構築するものだと考えている。商品が生活者とコミュニケーションをとることで、生活者にその商品を必要なものとしてもらう。その結果、人々の生活がより良いものとなる。良い商品は、人々の生活レベルを向上させることができるのだ。周りの人と良い人間関係を築いていれば充実した人生が送れるように、良い関係の持てる商品が自分の周りにひとつでも多く増えれば、より良い生活を送ることができるはずである。良い関係を作るには、コミュニケーションが欠かせない。その役割を担うのが広告だと考えている。

そもそも人間はコミュニケーションなくしては生きていけない存在である。ヒトは動物の中でも珍しく、白目と黒目が分かれている生き物である。ヒト以外の動物は白目と黒目の区別はほとんど分からないようになっている。白目を持つことで黒目が強調されてしまい、自分が今どこを見ているのか、なにに注意を向けているのかが周りに分かってしまう。動物の場合、自分の視線を知られてしまえば、たとえば天敵に不意をつかれて攻撃されてしまったり、狙おうとしている獲物に危険を悟られて逃げられてしまったりというデメリットが生まれてしまう。そのため動物は、極力自分の視線の先を悟られない様にしているわけだが、ヒトは違う。ヒトは白目と黒目がくっきりと分かれており、周りは簡単にヒトの黒目の位置、つまり視線を知ることができる。今なにを見ているのか、なにに注目しているのかが周りに伝わってしまうのだ。

ではなぜヒトは白目と黒目が分かれるようになったのか。それはヒトが進化する中で、コミュニケーションの重要性を感じたからだ。たとえばアイコンタクトによるコミュニケーションによって狩りをうまく進めたり、目を感情表現のひとつとして使うことで、自分たちの気持ちをより相手に伝えやすくしたりすることができる様になった。集団生活を送る上で、コミュニケーションが必要不可欠だったのだ。こうした背景を思えば、そもそも人間はコミュニケーションをとることが宿命の生き物である。人と人がコミュニケーションをとることで集団生活をより良いものにしていったように、商品と生活者とのコミュニケーションを行い、人々の生活をより良くするのが広告である。生活者に受け入れられる商品、企業が増えれば、その国は豊かになる。一国だけでなく、世界をより良くすることだってできる。人々の暮らしをより良くするものだからこそ、広告は世の中を動かすことも、文化を作ることもできるのだ。

世の中を動かしたり文化を作ったりといっても、注意すべきは、世の中を動かすことや文化を作ることは売れることとの先にあるということだ。世の中を動かしたり、文化を作ったりした後に売れることを目指すわけではない。この順番が狂ってしまうと、近年広告賞でよく耳にする、ソーシャルグッドと呼ばれる、場合によってはただの偽善的な、説教臭い広告を作ってしまうだけになる。決して社会貢献的な広告が悪いわけではないが、広告賞を受賞するためにこうした類いの広告を作っているクリエイターがいるのも確かだろう。そんなレベルの低い話ではなく、商品が生活者とコミュニケーションをとることで、良い関係を作っていく。最初はその相手が1人かもしれないが、それが2人となり、3人となり、そして10人、1000人、10000人と増えていけば、いずれ国民全体との良い関係を作ることも不可能ではない。関係の数が増えれば、それこそ世の中を動かすこととなり、その関係が一過性のものではなく、中長期続くものであれば、いずれ文化にだってなり得る。広告はこんな素晴らしい可能性を秘めたものなのだ。

この様な存在である広告という職に携わることができている人は、誇りを持って、わくわくした気持ちでこの仕事に取り組んでもらいたい。ただ商品を売ることだけを考えるのではなく、ただ一時的な話題になる広告を作ろうとするのではなく、売れることの先にある大きなものを見て、それを実現できるチャンスがあることを忘れないでほしい。そうすれば、世界をより良くする広告がもっともっと増えてくるはずだ。

売れることの先にある、世の中を動かしたり、文化を作ったりする様な広告を実現している企業は、たとえば国際会議で議題にされている様な世界的な問題にまで目を向けているという。広告の企画をする段階で、そうした領域にまで注意を払っているのだ。ターゲットの持つ小さな問題を解決するための小さな改善ではなく、ターゲットが抱える問題でありながら、かつ人類が共通して抱える問題を見つけて、大きな解決策を提示しようとしているのだ。グーグルは、イノベーションを生むために大きな課題に取り組むことを大事にしているが、これと同じだ。課題の設定が小さければ、解決策も小さいものになってしまう。抜本的に世の中を良くする様な取り組みをするためには、初めの課題を見つける段階で視野を広げる必要がある。世の中を動かしたり、文化を作ったりするところまで意識するのなら、自分の見ている世界に縮こまっていてはいけない。自分が勝手に決めた枠の中で考えていてはいけない。自分で作ってしまった発想の檻の中から抜け出して、自由な発想で広告を考えてみること。そうすればきっと、これまでの広告とは違う企画に出会えるはずだ。

私は、広告は芸術ではないとずっと述べてきたが、芸術になった広告は存在している。たとえばフランスのポスター画家レイモン・サヴィニャック氏が制作した広告は、今やインターネットやインテリアショップなどで販売されている芸術作品となっている。また少し違うが、アメリカの芸術家アンディ・ウォーホル氏は、「Ａｄｓ」というシリーズで広告を芸術作品として扱った。日本人なら、サイトウマコト氏の手がけた広告も私にとっては芸術である。これらは自宅のリビングに飾っていても恥ずかしいどころか、むしろ暮らしを充実させてくれるような広告物だ。この様に、広告物として誕生したものがその枠を超えて、長く愛される芸術になったものは存在しているのだ。芸術を目指して広告を作るわけではないが、広告が芸術の域にまで達することは可能である。こうした域まで意識して広告に携わるのとそうでないのとでは、大きな違いを生む。あくまでビジネスとしての広告ではあるのだが、高いレベルを目指して文化的にも優れた広告をひとつでも多く生み出していってほしい。

1995年1月17日午前5時46分。阪神・淡路大震災が発生。その年の12月に、神戸市の三宮にて突如神戸ルミナリエが始まった。ルミナリエとはイタリア語でイルミネーションのこと。神戸ルミナリエとは、震災の犠牲者の慰霊と鎮魂、そして被災者の心を癒す神戸復興の希望の光として、三宮の広場や道路をイルミネーションで飾る取り組みである。昨年12月には、開催22回目を迎えた。私は、この神戸ルミナリエの様な素晴らしい取り組みを、広告においてもできるのではないかと思っている。神戸ルミナリエは決して広告物ではなかったが、神戸市が広告主として「復興していきたい」という課題を抱え、その解決策として実施したと考えられないこともない。当時まだ珍しかった光の芸術が神戸の人々の心を癒し、他県からも神戸に人を集め、お金を「落として」もらい、経済が復興していく。そして今なお冬の風物詩として続き、継続されていることで、震災を後世に語り継ぐという役割まで果たしている。そんな解決策を私たちは日々の広告でも実施していけるはずである。これこそ売れることとの先にある、世の中を動かし、文化を作るために参考にできる好例だ。

広告は邪魔者だ。広告は無視される。広告はすぐに忘れ去られる。こんなことを広告を生み出す側が最初から思っているから、そのレベルの広告しか生み出せないのだ。広告とは、商品と人との新しい関係を作ること。その関係が生まれることで、人々の暮らしをもっと良くすることができる。広告はもっと人のためになれる。必要とされる。世界をより良くすることができる。私は広告の力を信じている。

特別対談

「グリコの歴史は、広告の歴史」

―江崎グリコ株式会社　代表取締役 社長　江崎勝久氏

江崎グリコは、その歴史を紐解いてみても、「グリコのおもちゃ」を始めとした、マス広告という型にとらわれない消費者との接点作り、企業理念のコミュニケーションのあり方を、模索、実践している。そんな企業の観点、また、江崎氏の経営トップという立場からの視点における、「広告」の本質的な役割と、未来に向けたあり方について、この本の著者である玉井氏とともに、話を聞いた。

江崎グリコの歴史のなかで、「広告」はどのような存在であると考えていますか。

江崎：グリコの歴史はまさに広告そのもの。グリコの歴史は製品開発の歴史であり、それは平たく言えば、広告宣伝の歴史と言えると思います。

創業者の江崎利一が、他社との差別化というコンセプトから創製したのが、グリコーゲンを加えた栄養菓子の『グリコ』でした。そして、それを売り出すために企画したのが広告宣伝。当時はマーケティングなんて言葉はなく、後付けになりますが、やっていることはまさにそのセオリー通り。江崎利一はきちんと戦略的に考えていたのではないかと思います。さらには、モノを売るという行為は、お客様の心理を読むことだと考え、心理学の勉強もしていたようです。

ですからグリコでは、昔から一番大事な仕事は広告宣伝だと言われてきました。まずはそれを勉強しろと。私も入社してから、営業、開発を経て、広告を経験しました。

当時の広告部のメンバー構成は、テレビのコマーシャルや新聞原稿の制作担当、広告出稿の担当、看板やテレビ番組等の担当、さらにパッケージのデザイン担当がいました。

コピーはシンプルな方がいい。パッケージは目立たなくてはいけない。そんなことをみんな独学で学び、ほぼすべて社内で企画・制作をしていました。販促まで含めた広い意味での広告活動ができないと、グリコの広告部では役に立たなかったですね。

もちろん、失敗も数々ありました。江崎利一が開発の責任者だった頃、当時の開発部員がアイデアを出して、企画を出してきたところ、江崎利一は内心はイマイチだと思っていても、士気に影響するからとやらせてみたら、案の定大失敗。それで仕切り直し。その繰り返し。グリコの歴史は、失敗の歴史でもありますね。

外部に顧問を置くようになったのは戦後のこと。川崎民昌さんにアーモンドグリコのパッケージデザインをお願いし、そのままずっと広告パッケージデザインの顧問もお願いしていました。またコマーシャルに関しては並河亮さんに顧問をお願いしていました。川崎さんや並河さんが携わってくださっていたから、その人のカラーがあり、「グリコらしさ」が自然と作られていました。

それも時代の流れとともに古くなり、変えなければならない時が来る。そんなとき、社内にその「グリコらしさ」をディレクションできる人、それはデザイナーでなくてもいいのだけれど、現在の玉井君のような、広告を知る人間がいることが大変重要なのです。

これはグリコの伝統でもありますが、誰もが広告的なマインドを持ちながら、肝心なところでディレクションできる、良し悪しを見分けられる、そんな役割を担ってほしい。これは理屈ではなく、商品を売る基本ですから。広告は商品を売る基本である。だから開発の人間も広告のことを知らなければならないのです。

社外のクリエイター、パートナー企業に対して、期待する役割とはなんですか？

江崎：コピーライターもデザイナーも、生活実感を持たないといけない。少なくとも、自分の世界のなかで実感を持たないと、商品のコピーもデザインも考えられないと思います。もちろん、それを超えたおもしろい表現、発想をできるのは、優秀なクリエイターだと思いますが。

また、クリエイターも、力が付いてくると、施主の言うことを聞かなくなる建築家の様になってしまう方もいる。住む家を作るのに、住みにくいデザインをする人がいるが、それは困る。なぜなら、商品は売れなければ意味がないのだから。

あくまで、グリコの商品を売ることを考えてほしいですね。コマーシャルがヒットすることが目的ではないのだから、商品起点で考えるのが当然。何の広告かが分からないというのが、一番しょうもない。そこに高いお金を投資する意味はない、と思ってしまいます。

では、社内のマーケティング部の役割とはなんでしょうか？

江崎：商品そのものに自信がなかったら、発売してはいけない。江崎利一は、発売前の企画段階で99％の自信を持てるだけの仕事をしろと。あとの1％は発売してからでもいいと言っていました。

発売した後は、商品名を浸透させるための継続的なブランド投資が必要。つまりは広告です。プリッツやポッキーも発売当初は聞きなれない、不思議な名前だと思われていてもテレビメディアを中心に、50年来ずっと投資をしてきたから今があるのです。

情報・メディア環境が激変し、また消費市場もコモディティ化、飽和状態になりつつあります。今の環境において、機能する「広告」のあり方をどう考えていますか？

江崎：全ての基本はマーケティング。マーケティングとはモノを売ること。では、お客様にモノを買ってもらうためには、新しい需要を作るためにはどうすべきか。それは、今あるものにプラスαの付加価値をつけることが一番です。

モノを売るのではなく、付加価値を売る。それは基本的には今も昔も変わりません。創業当時に、キャラメルにグリコーゲンを入れ、「ひとつぶ300メートル おいしくてつよくなる」のキャッチフレーズで栄養菓子『グリコ』を発売した時も、まさに付加価値を商品の価値にしていたわけです。そこで重要になってくるのが、広い意味での広告。付加価値を認めてもらえなければ、価格競争に陥るだけです。それらと対抗していくのは不本意だし、なかなか大変。こうした戦いをやらないために、率先してもっと上を、もっと新しいものを生み出していかなければならないのです。

当社の社是には、創意工夫という言葉があります。その判断基準は、お客様が買うかどうか。スポットではなく、継続的にです。

そのひとつのアイデアが、神戸のグリコピアでした。グリコのファンを作るために、工場見学の施設を作ろうと。きっとそれが役に立つと。ターゲットは小学校高学年。社会科見学でお菓子の作り方を学んでもらう。工場の中には入れられないから、廊下から見せる。でもそれだけではつまらないから、遊び場も作ろう。さらにそこでお土産をもらったという体験が満足度を高める。

グリコのおもちゃもそうだけれど、付加価値という観点におけるすべての発想の源は、消費者に対する長期的なファン作り。これは、今この時代にも大変重要なのではないでしょうか。

江崎グリコは95年やってきて、売上が数千億円だなんて情けないこと。もっと歴史の浅い他社に抜かれているなんて、今までなにしてきたのか、と思わなくてはいけない。もちろん売上だけではないけれど、その時々でどういう長期目標をもってやっていくかが大事。つまり、広告が一番大事。これからも、玉井君がキーパーソンというわけですな（笑）。

玉井：非常に勉強になりました。ありがとうございました。

IN THE BEST OF TASTE
ACHIEVE···
INNOVATION!
CHEERFULNESS!
THE THRILL OF THE POSITIVE!
「おいしさと健康」
HEART
HEALTH
LIFE
「創る・楽しむ・わくわくさせる」
創意工夫
積極果敢
奉仕一貫

おわりに

人は考える葦だという言葉がある。しかし現在ビジネスの世界でどれだけの人が「考える」ことに取り組んでいるだろうか。「考えること」を生業とする企業が誕生し、そうした企業に依頼をしていくうちに、いつのまにか自分の頭で考えることを放棄しているのではないだろうか。いつの時代も自分の頭で考えなければ、搾取される側にいることを忘れてはいけない。たとえそれが広告主というビジネスの発注側であったとしてもだ。広告ビジネスにおいて、広告主は広告代理店に「考えること」を丸投げしてはいけない。クリエイターの力に頼っているだけではいけない。今の日本の広告に力がないのは、広告代理店でもクリエイターでもメディアのせいでもない。ほかならぬ広告主の力量がないからである。クリエイターを含め広告代理店が力を発揮できるかできないかは、広告主にかかっている。良い広告が生まれるには、広告主の力が必要なのだ。競馬で勝つために、競走馬だけでは勝つことができないのと同じである。広告主と広告代理店の関係は、騎手と競走馬の関係にたとえることができる。どんなに強いサラブレッドだからといって、走れば常に優勝できるというものではない。そこには騎手がいて、サラブレッドを勝利に導くのだ。名ジョッキーは常に馬のことを考えている。レース前には馬が本来持つ特徴を捉えて、どんなレース展開にするのかを考える。レース中も乗られ心地は悪くないか、馬への負担がないか、常に馬のことを思いやっている。広告主も広告代理店に同じことができているだろうか。

広告主は、広告活動におけるリーダーである。リーダー論は種々あるが、概ねリーダーがチームに対してやらなければならないことは、明確なミッション提示とポジティブなプロセス評価という2点だ。広告主は広告代理店を含め、一連の広告活動に関わるすべての人のリーダーとなり、明確なミッションを提示すること、そして結果の評価よりもプロセスの評価をポジティブに行うことが必要なのだ。明確なミッションを提示するためには、誰よりもブランドのことを考えていなくてはいけない。社内外からブランドに関してどんな質問がきたとしても、理由を添えて明確に回答できなくてはいけない。そうして初めてチームに明確なミッションを提示することができるようになる。素晴らしいアイデアが出てくる背景には、明確なお題があるものだ。なにかおもしろいことを言って、と言われておもしろいことが言える人などほとんどいない。依頼するミッションが曖昧だとすれば、それは広告主のブランド理解が曖昧であることを意味している。そしてプロセスの評価を行うためには、自社で広告活動を振り返る必要がある。広告代理店をはじめ社内外の関係者に、適切なフィードバックを、数字、ファクトをつかんだ上で、ロジックを持って行うのだ。なんとなく良かった、なんとなく悪かったという様なフィードバックでは納得がいかない。明快にどう良かったのか、どう良くなかったのかを前後比較で具体的に、そしてポジティブにフィードバックすることができるようになれば、自社も広告代理店も学びを得るだけでなく、心理的にも安心して次への打ち手に取り組むことができる。「継続して成果を残すチームは、心理的な安心・安全を感じているチーム」といった調査結果がグーグルから発表されているが、こうしたグッドスパイラルを作ることができるかどうかは、チームのリーダーの責任、つまり広告主の責任なのである。

素晴らしい仕事ができる方程式は存在すると考えている。「優秀なスタッフを集めること×そのスタッフが素晴らしい仕事をすること＝素晴らしい仕事」である。リーダーとして社内外から優秀なスタッフをキャスティングする。その上で集まってもらったスタッフに最高の仕事をしてもらえれば、素晴らしい広告を量産できるわけだ。ポイントは優秀なスタッフがあなたのもとに集まってくるのか、優秀なスタッフがあなたのために優先順位を上げてその仕事に100％以上の力を発揮してくれるかだ。そのために広告主としての成長が求められる。広告主が変わらなければ、広告は変わらない。広告代理店やクリエイターを変えても無駄である。変わるべきは広告主なのだ。

広告主は日々変化する情報社会で生活者に遅れを取ってしまっている。我々はこの事実を認めなければならない。広告主は社内事情をいいわけにして、生活者の変化に逆行する打ち手ばかり検討してしまっている。その最たる例がテレビCMだ。今や3歳の子どもでもテレビCMをリモコンでスキップしてテレビ番組を見ているのだ。日本において、人々がテレビを見ている時間とスマートフォンを見ている時間のどちらが多いのか、その事実に目を向けなければならない。またインターネットはもはや個人のメディアではなく、「マス」メディアになりつつある。検索履歴や閲覧履歴などから個人をセグメントし、その個人にカスタマイズした情報を提供するのがインターネット広告の定石だが、情報を受け取った個人はその情報をあたかもテレビから発せられた情報と同じ様に受け取るのだ。まさか自分だけにしか表示されていない情報とは思っておらず、マスメディアと同じ様にほかの人にも同じ情報が届いていると錯覚を起こしている。こうなればマスメディアと変わらない。テレビからスマートフォンへの変化。これは過去にあった映画がテレビに、フィルムカメラがデジタルカメラに、といった変化と同じく、避けることはできない。織田信長は、最先端の武器を誰よりもいち早く取り入れたことで戦いに勝つことができた。デジタル時代に突入した今、我々は戦う武器を選び直す時がきていることを認めなければならないはずだ。

インターネットを手にして以来、生活者はますます力を増しており、今に至っては、広告主よりも生活者の方が商品に関する情報を多く持っている。自社の商品について広告や自社サイトで良いことだけを謳っていたとしても、インターネットで検索すれば、すぐに実際にユーザーが体験した商品の悪い点まで知ることができる。他社商品と比較した情報もすぐに手に入る。もはや生活者の方が広告主よりも一歩も二歩も先に進んでいるため、企業は生活者についてもっと勉強しなければならない。デジタルをうまく活用し、生活者は自社のサイトでどんな情報を得ているのか、他社のどんなサイトから訪問してきたのか、SNSでは日々どんなことを会話しているのか、比較サイトではどんな点を指摘しているのか。こうした情報は簡単に手に入れることができる。ビッグデータという言葉に惑わされてはいけない。ビッグデータはこうした小さいデータの累積であるのだ。まずは身近なところから生活者の声に耳を傾けてみるのだ。これまで広告主は、自分の都合の良い時に、一方的に大声で生活者に話しかけてきただけなのだ。そんな相手に振り向いてくれる人などいない。振り向かせたい相手がいるならば、まずはその人の話を聞くことだ。

ただし生活者の声を聞いたからといって、彼らの満足を得ようとすることは得策ではない。生活者の満足度ばかり追っていてもブランドは成功しない。満足度を満たしても、あなたの評価はゼロ点なのである。そこにはサプライズが存在しない。やってもらって当たり前のことをやってもらっているだけでは、生活者は満足を得られないのだ。我々がやることは生活者の満足を目指すのではなく、生活者の中で自社ブランドの立ち位置を他社とは違うものにすることである。つまり、違いを作り出すのだ。その違いが生活者にとって受け入れられるものであれば良い。そのために生活者の声を聞いておくのだ。そういう意味での生活者起点なのだ。違いを作り出し、その価値を求めるターゲットに商品を「○○と言えばこの商品だ」と提案することこそ広告によるイノベーションだ。決して商品を改良する必要はない。商品のイノベーションなどせずとも、新しい意味付けをすることで商品を売ることができるのだ。

広告は商品と生活者の新しい関係を作り出すことへと役割を変えてきている。そして商品と生活者との新しい関係を作り出すことができたなら、さらにその関係が発展していく様に対話をしていくのだ。都合の良い時にだけほかの人と同じメッセージを送りつけるのではなく、その人に合った話をその人が求める時に提供していく。もちろんこうした活動を自社だけでやるのではなく、広告代理店をはじめ社外の力を借りながら進めていけば良い。良い広告を生み出すという共通のゴールのために力を合わせていくのだ。もし人間だけで手が回らないならば、コンピューターを活用すれば良い。現在、人工知能の台頭がめざましい。人工知能はビッグデータを処理できる。彼らの力を活用して、広告のパーソナライゼーションを実現することだって可能なのだ。あなたの企業がやらなければ、違う国のどこかの企業が取り組み始める。その時あなたの企業は出遅れるだけでは済まない。

今やどの日本企業にも、グローバリゼーションとデジタライゼーションというふたつの壁が立ちはだかる。ふたつとも越えなければならない壁である。乗り越えなければ企業は存続できなくなるだろう。グローバリゼーションはほかの国の企業との戦いである。そしてデジタライゼーションは、もしかしたらコンピューターとの戦いであると言えるかもしれない。マッキャンエリクソンが人工知能のクリエイティブディレクターを誕生させた。もはや広告の分野において、広告主の仕事の大部分がコンピューターに取って代わられるのも時間の問題かもしれない。そうした時にでも私たちだからこそできること。それは概念や枠組み、前提を変えていくことだ。人工知能は、新しい意味を生み出す能力も、トレンドを作り出す能力も、最新のものに反応できる能力もない。これは人間だからこそできることなのだ。そしてこの業務こそ、まさに広告に求められていることである。ダーウィンの進化論で、生き残る者の条件が述べられている。生き残るのは強い者でも頭の良い者でもない。変わることができる者だ。私たちが変わることができるかが、まさに今問われている。広告主が変わらなければ、日本の広告は変わらない。

【参考文献】

Patrick Spenner & Karen Freeman(2012)
『To Keep Your Customers, Keep It Simple』 *Harvard Business Review*.

デービッド・アーカー（著）、阿久津聡（訳）
『ブランド論 無形の差別化をつくる20の基本原則』ダイヤモンド社 2014.

http://www.mckinsey.com/business-functions/marketing-and-sales/our-insights/the-consumer-decision-journey
McKinsey Quarterly (2009.6)

Werner Reinartz & Peter Saffert(2013)
『Creativity in Advertising: When It Works and When It Doesn't』 *Harvard Business Review*.

著者：玉井博久（たまい・ひろひさ）
江崎グリコ株式会社
広告部クリエイティブチーム兼
アシスタントグローバルブランドマネージャー

慶應義塾大学卒。リクルートのコピーライターとして、日本郵政グループなどの大手企業から中小・ベンチャー企業まで200社以上の企業広告に携わる。2009年東京コピーライターズクラブ新人賞受賞。その後日本を代表するクリエイティブエージェンシーTUGBOATグループのクリエイティブプロデューサーとして、NTTドコモなどの広告に携わる。2012年より江崎グリコ広告部でポッキー、プリッツ、ジャイアントコーン、アイスの実などグリコブランドの広告を担当。2015年に手がけたポッキーの広告キャンペーン「PROJECT: シェアハピ」で、第一回NEXT CMO AWARDファイナリスト選出。2016年にはお菓子で学べる無料アプリの、プログラミング教材「GLICODE™」やポッキー史上初のグローバル統一キャンペーン「Pocky day」などを手掛ける。

宣伝担当者バイブル

発行日　2017年4月6日　初版

著　者　玉井博久
発行者　東 英弥
発行所　株式会社宣伝会議
〒107-8550　東京都港区南青山3-11-13
tel.03-3475-3010（代表）
http://www.sendenkaigi.com/

装丁・DTP　ISSHIKI
印刷・製本　中央精版印刷株式会社

ISBN 978-4-88335-397-2　C2063